仏教の底力

現代に求められる社会的役割

編著
大菅俊幸

著
島薗　進
川又俊則
前田伸子

明石書店

はじめに

日本仏教は岐路に立っている。

高齢化、過疎化、核家族化、都市への人口流出、そして後継者の不在などによって、二〇四〇年までに、仏教寺院を含め、三五％の宗教法人が消えてなくなるといわれる。

しかし希望はある。

二〇一一年の東日本大震災の後、被災地の支援活動の際に出会った僧侶たちの活躍ぶりを目の当たりにし、この国における仏教者の役割というものを再認識した。

思い起こせば、一九九五年、阪神・淡路大震災ののち、ボランティアに行きたいと思って扉を叩いたのがシャンティ国際ボランティア会（当時、曹洞宗国際ボランティア会、以下シャンティ）であった。職員となって神戸で支援活動に加わった。

今も忘れがたいのは、同年一〇月、京都で行われた「阪神大震災が宗教者に投げかけたもの」というシンポジウムである。「被災地に宗教者は立っていなかった。主役を演じていたのは、ボランティアであり、カウンセラーであり、精神科医だったではないか」――。コメンテーターとして参加した一人の宗教学者の言葉が物議をかもした。仏教はじめ、キリスト教、神道、新宗教を代表して参加していたパネリストたちは、たちまち気色ばんで、「マスコミの報道だけから判断するのは学者のとるべき態度でない」と、ただちに辛辣な反論が応酬された。

僧侶たちと連携して活動していた当時の私たちからすれば、この発言には忸怩たる思いであったが、残念ながら、被災地の寺院が門戸を閉ざしていた面があったのは事実であった。「被災者のためにお寺の一部を使わせていただけないでしょうか」とお願いに行っても、「檀家さんに迷惑がかかるから」「葬儀や法事などに支障をきたすから」と断られたことがあった。それだけに、その後、自ら被災しているのに、一時的にでもボランティアのために庫裏を開放してくださる寺院があった時は本当に感謝、感激であった。

その時とくらべてどうであろうか。東日本大震災の被災地における仏教者の存在感は、比較にならないほど大きかった。災害支援や社会貢献に対する仏教者の意識が格段に変化したことを感じる。

今回、被災地では、多くのお寺が本堂や庫裏を檀信徒や地元の人々のために避難所として開放した。シャンティの調べでは少なくとも約八〇ヵ所にのぼる。避難所としてだけではなく、

ＮＧＯの活動拠点としてお寺の一部を開放したり、お寺の駐車場を地域の人々に開放し、そこにテントを張って支援物資の配布所としたところもある。被災地外のお寺も精力的に取り組んだ。福島の子どもたちを受け入れたお寺も多数あるはずだ。

一方で、全国各地から駆けつけて、支援物資を運んだり、炊き出しや瓦礫の撤去などに汗を流す数多くの僧侶たちの姿が見られた。私どもシャンティも宮城、岩手、福島の被災地で支援活動に取り組んだのだが、協力してくださった僧侶の皆さんは数知れない。

今回、とくに印象深かったのは避難所や仮設住宅に赴いて、一緒にお茶を飲みながら被災者の言葉に耳を傾ける僧侶たちの姿である。今回ほど、「寄り添う」という言葉が聞かれた時もなかった。「亡くなった家族はどこに行ったのでしょうか」「人間は死んだらどうなるのでしょうか」――。津波で身近な人を喪った人々が、このような切実な思いを打ち明けられる相手は僧侶しかいなかったのかもしれない。相談を受けた僧侶は少なくない。津波死のような不条理な死に直面すると、死の受容、悲嘆を癒す作業はとても困難になる。宗教心の有無がとても重要であり、ケアする側に宗教者、とくに仏教者の参加が必要であることがよくわかった。

こうして、東日本大震災は仏教者の役割を再認識する機会となった。いや、災害時ばかりではなく、現代社会が抱えるその他の諸問題についても、もっと仏教が果たしうる豊かな可能性があるのではないだろうか。

「寺院消滅」などといわれるが、決して人心が仏教自体から離れているわけではなく、仏教を求める潜在的なニーズはあるのだ。したがって、この時代から要請されている仏教者像とは、仏教の社会的役割とはどのようなものなのか。改めてそのことを捉え直す必要がある。改めるべきは改め、変えてはならないことは守ってこそ日本仏教の活性化への道は開かれる。

そのために本書が少しでもお役に立てることを願っている。

*

本書は、二〇一八年から二〇一九年にかけて、月刊誌『曹洞宗報』に連載された「仏教の社会的役割を捉え直す」の記事を大幅に加筆編集したものである。

気候変動に伴う自然災害、世界に広がる分断と対立、紛争やテロ、AIなどの技術革新、金融危機。そして国内では人口減少社会、人生一〇〇年時代といわれ、私たちを取り巻く世界は激しく流動し、従来の通念や方法では立ちゆかなくなっている。

そこで、これからの時代に必要とされる仏教の社会的役割について考えるきっかけにしたいとの願いから、二〇一八年、曹洞宗の定期刊行物、月刊誌『曹洞宗報』において、連続インタビュー「仏教の社会的役割を捉え直す」がスタート。そして、ほぼ一年間にわたって連載された。仏教に造詣の深い専門家から様々にご意見やご提言をいただくという企画である。

その原案は、仏教界とのさらなる連携を深めたいと願ってシャンティが提案したものであり、様々な検討を重ねて実現することになった。連載自体は終了したのだが、そこで披瀝された知見は大変貴重で、広く仏教諸派、他宗教の人々にも伝えるだけの価値があるのではないか、そして、来たるべき〈共生社会〉のデザインを模索する上でも参考になるのではないか、とのご意見をいただき、大幅に加筆編集の上、一冊の書物として上梓することになった次第である。

ご登場いただいた専門家の方々は次の通りである（敬称略、肩書等は当時）。

島薗進（上智大学大学院実践宗教学研究科教授、グリーフケア研究所所長、東京大学名誉教授。宗教学）

川又俊則（鈴鹿大学副学長、同こども教育学部学部長、同教授。社会学）

前田伸子（鶴見大学副学長、歯学部教授。口腔微生物学）

島薗先生には、日本仏教史や世界的視野から現在を見据え、社会の痛みに応える仏教に向けての様々な提言をいただいた。川又先生は、社会学者として様々な仏教教団や寺院、キリスト教会の調査に携わっている方である。その幅広い知見をもとに人口減少時代における宗教の役割について提言をいただいた。前田先生は、医療者として宗教と医療の接点についても探究している方である。總持寺と鶴見大学が連携して取り組んでいる修行僧の新たな研修や、地域の活性化などの先駆的な実践についてうかがうことができた。

聞き手と構成、各章の〈視点〉の執筆は大菅俊幸が担当した。

内容のあらましは次のようになっている。

第一章　今、仏教に期待されるもの

現代仏教の限界と今後の展望について語られる。人口減少が進行し、お寺がこれまでどおりではいられなくなった今こそ、檀家制度の長所と短所の両面を考える必要がある。日本仏教は、歴史的に見ても社会の問題に取り組み、正法を広めようとしてきた。そのことを想起し、僧侶や寺院のあり方が再認識されるきっかけとなったのが東日本大震災であったと指摘される。

第二章　「人生一〇〇年時代」と仏教

調査データなどに基づき、日本仏教の現状について語られる。今や「人生一〇〇年時代」といわれ、八〇歳まで働けるように生き方を変えなければならないといわれる。〈老い〉の世代に対して、仏教者が前向きな生き方を提案するとともに、若い人が仏教に関心を向けるように努力することが求められる。そして「寺院格差」「後継者の問題」「檀家数の減少」が、現在の仏教教団に共通した課題であることが明らかにされる。

第三章　僧侶——死と生に寄り添う存在

これからの僧侶のあり方について語られる。東日本大震災において、僧侶という存在が再認識されたのは、不条理とも思える身近な人の突然死に直面して、死と生の問題に主体的に向き合ってくれる宗教者の存在が必要とされたからでもある。そのような背景から、「臨床宗教師」という新しい宗教者のかたちが誕生した意義、そして期待される僧侶の資質などについて語られる。

第四章　時代に呼応する仏教者

第三章に引き続き、これから期待される僧侶のあり方について語られる。

時代の要請に応えられる僧侶を生み出すためには、それ相応の育成システムが必要である。同時に、熱心な檀信徒の育成も必要である。そこで、僧侶の養成とともに、檀家、信者の後継者の育成を含めて一緒に学び合う「次世代教化システム」のことが紹介される。その他、様々な僧侶育成のあり方や僧侶たちの実践例についても紹介される。

第五章「共生社会」と寺院の可能性

これから必要とされる寺院のあり方を考えると「地域社会」が一つの鍵となる。いかに布教し教化するか、と考えるより、人々の苦悩やニーズにどう対応するか、と考えて宗教活動に取り組んだ方が人々の心をつかめるのではないか。そこで、共感による地域づくりや人々の協力や助け合いを促す「ソーシャル・キャピタル」という考え方が提案される。さらに「子ども食堂」や地域活性化に取り組む總持寺と鶴見大学の実践などが紹介される。

第六章　社会の苦悩に向き合う

これからの仏教はどうあればよいのかが語られる。前半は、仏教精神を拠り所として活動してきたシャンティ国際ボランティア会の歩みと意義について、これまでアジアで経験してきたことを、国内で活かすことへの期待が語られる。そして後半は、世界がＳＤＧｓ（持続可能な発展）をめざしている今、社会の苦悩に向き合い、世界に積極的に発信する時がきているのではないか、と日本仏教へのエールが送られる。

このように、大局的な視点から具体的なヒントに至るまでバリエーション豊かな内容になっている。きっと何らかの手がかりを見つけていただけるものと確信している。

宗派を超え、宗教を超え、明日の宗教と社会のあり方を考えている皆様に、ぜひご一読いただきたいと願っている。

大菅俊幸

仏教の底力——もくじ

第一章

今、仏教に期待されるもの

一　現代仏教の歴史的位置とは（島薗進）

二　三・一一が仏教の再認識を促した（島薗進）

〈視点〉日本のナイチンゲール、瓜生岩（大菅俊幸）

一　現代仏教の歴史的位置とは

島薗　進

●日本仏教の現状

――少子高齢化、過疎化、跡継ぎ不足などでお寺の存続が危ぶまれ、日本仏教が転換期を迎えていることは多くの人が感じているところだと思います。まずは日本仏教の現状について感じておられるところを聞かせていただけますか。

島薗　一七世紀以来の日本の檀家制度を考えると、およそ四〇〇年たっているわけです。織田信長や豊臣秀吉は、一向一揆が起きたり、キリシタンが入ってきたことで危機感を覚え、社会の安定のために仏教を優遇しつつ布教を抑制したのです。その後、徳川幕府になって檀家制度が生まれ、仏教はそれに適応しました。そして明治維新になって神仏分離と廃仏毀釈という厳しい面もありましたが、ともかく国の安定のために仏教が協力するということで檀家制度が今日まで続いてきたわけです。

ところが現在、あまりに都市化が激しく、地方が軽視されて、人口減少も進んでいるという現実があって、お寺はこれまでどおりではいられなくなってきました。いよいよ賞味期限切れがきているきらいを感じます。

ただ、檀家制度の長所というものが見えなくなっている面もあるのではないかと思います。たとえば日本全国、津々浦々までお寺があります。比較的規模が小さなお寺もあります。そして家の中までお仏壇がある。こんな国は世界中にないと思います。それほどまで仏教が隅々まで浸透したということですね。

でも、そのために、人々が抱えている困難に近づき、苦の現場に近づいていくという意欲がやや抑えられた感もあるように思います。江戸時代に新寺建立の禁止ということがありました。新しいお寺を建ててはいけない。それぞれのお寺が築いてきた勢力を維持し、新しい勢力の拡張は認めない。その代わり住民の戸籍管理のことは任せる、ということでした。

そういうことで、檀家制度の長所、短所の両面があると思います。その両面を考える必要があると思うのです。お寺は人々の苦しみに対する活動に取り組んでいなかったわけではありませんが、江戸時代になって、山岳信仰などの神仏習合的な民俗宗教の講とか、伝統仏教以外の宗教勢力が頭角を現しました。さらに近代、現代になると今度は新宗教というものが台頭してきました。人々の苦しみや悩みに近づき、伝統仏教がそれに応じるという面が弱まっていったと思います。そこが問われるようになってきたと思うのです。

――明治時代になって、仏教の社会倫理的な面は希薄になっていったのでしょうか。

島薗　檀家制度のもと、檀家の世話をして檀家集団との結合を広めることで十分に役割は果たせるのだという傾向がありましたが、それだけではなかったと思います。

明治維新の時も、「今こそ信徒集団、一般の人たちと共同していかなければならない」という動きがありました。「僧俗共同で新たな社会をめざす変革の時になったわけだから、今こそ仏教の役割があるのだ。今までの檀家制度という枠組みを超えて在家を巻き込んで動かなければならない」という考え方があったんですね。

曹洞宗に関係する人としては大内青巒（せいらん）という人がいました。明治初期、社会問題の一つとして、貧児や孤児の問題があったんですが、大内は育児事業にも強い関心を寄せて、福田会育児院の設立の機縁となるような活動も行って、当時の仏教者に多大な影響を及ぼしています。その他、宗派を超えた在家の団体もたくさん出てきました。

越後には大道長安という人がいて、観音信仰を掲げて在家の人々を巻き込んだ活動を行いました。孤児の教育や囚人の教誨にもあたって、貧困や疾病に悩む人々には、迷信や祈禱をやめ

島薗 進（しまぞの・すすむ）

1948年生まれ、東京都出身。東京大学大学院人文科学研究科博士課程単位取得退学。東京大学文学部宗教学科教授を経て、現在、東京大学名誉教授、上智大学実践宗教学研究科教授、同グリーフケア研究所所長。宗教学、主に近代日本宗教史、死生学が専門。著書『日本仏教の社会倫理』（岩波書店、2013）では、近代的な宗教観のもとで見落とされがちであった日本仏教の倫理性・社会性の側面が、現代社会の中で再び顕わになりつつあることを論じている。その他著書に『現代宗教の可能性』（1997）、『スピリチュアリティの興隆』（2007）、『国家神道と日本人』（2010）（以上、岩波書店）、『日本人の死生観を読む』（朝日選書、2012、第六回湯浅泰雄賞受賞）など多数。

て、観音信仰による安心を求めるよう促しました。新しい宗教のあり方をめざしていたと思います。ただ、後に曹洞宗から離れたのは残念ではありますが。

それから明治時代にも、孤児や貧しい子どもたちの世話をお寺を場所として取り組んでいる例があります。刑務所から出て来た人たちを助けたり、貧しい人たちの医療の世話をするなど、かなりお寺が関わっているんですね。

●瓜生岩と仏教社会事業

島薗　たとえば明治の初めに瓜生岩（うりゅういわ）（瓜生岩子とも呼ばれる。一八二九〜一八九七）という女性がいました。この人は会津の人です。戊辰戦争において敵味方の区別なく負傷者を救護して、学校を作って孤児や貧困の人々の保護にも取り組みます。多くの事業を手がけ、生涯、弱き人々のために身を捧げた人ですね。在家の人で、寺院の協力が大きかったと思います。こういう人を発掘することも必要ではないでしょうか。瓜生が設立した福島愛育園が今も福島市にあります。明治時代に行われた福祉活動としては先駆的ですし、在家と寺院の協働という点でも注目すべきだと思います。

――たしかにそうですね。最近、児童虐待の問題がクローズアップされて、児童教育のあり方

瓜生岩の像（福島愛育園）

が問われているところでもあり、現代の寺院や僧侶の社会的役割という点においても考えさせられるところがありますね。

島薗　明治の初期は社会の変革期であったため、貧困の人々や孤児などが多数現れて、社会問題になっていました。そんな子どものお世話をする団体として、「福田会育児院」というものがありました。僧侶と在家が一緒になった超宗派の団体でした。

それから、もう一つ、渋沢栄一が立ち上げた「東京養育院」というものがあったんです。元はといえば、江戸の町人たちが、困った人がいれば助け合う、相互扶助的なものだったようですが、それを明治になって東京市が引き継いで、行き倒れて行き場のないような人たちや親のない子どもたちを預かる施設としたのです。

その東京養育院が、明治二〇年代に福島から瓜生岩を幼童世話係長として招いたことがあるんです。何ヵ月か滞在しただけなんですが、瓜生が来ると、それまで元気のなかった子どもたちが、とてもなついて元気になったといいます。

やがて大正時代になると、渡辺海旭などが、セツルメント的な活動、つまり、貧困層の人たちが住む区域に定住して、住民たちと触れ合いながら、地域福祉や生活向上をはかる活動を開始するのですが、彼らも東京養育院と協力しているのです。

——瓜生岩の影響というのは、福島の中だけにとどまらず、そういうところまで広がっているのですね。ところで、渡辺海旭という名前が出ましたが、浄土宗の僧侶で、仏教社会事業の草分け的な方ですね。そういう流れは現在にも続いているんでしょうか。

島薗　渡辺海旭は、一〇年間、ドイツに留学しているのです。それも浄土宗の費用で行っているんですね。ドイツはビスマルク以来、ひじょうに社会事業が盛んで、キリスト教教会がとても精力的にそれに取り組んでいました。渡辺はそんな様子を目の当たりにしたものですから、大いに刺激を受けて、帰国してから宗門に働きかけるんです。そして、法然上人七百回忌の記念事業として、東京の深川に「浄土宗労働共済会」を立ち上げるのです。「慈善救済」ではなく「共済的社会事業」の立場に立って、労働者の保護や防貧活動を展開しています。宗門もかなり力を入れています。ちなみに渡辺海旭という人は、元々は在家の生まれで、幼いころに寺に引き取られた人です。寺で育てられ、浄土宗宗門が育てた人といえます。

大正時代は、慈善・救済事業から脱皮して社会事業が成立した時期なのですが、その役割の一端を担ったのが仏教、とくに浄土宗でした。渡辺海旭の社会共済の考えを受け継いだのが、弟子の長谷川良信という人で、のちに淑徳大学社会福祉学部を開設するのです。

淑徳大学の前学長は長谷川良信師の次男である長谷川匡俊さんなのですが、彼に聞いたことがあるんです。なぜ浄土宗が社会事業で活躍するようになったんですか、と。そうしたら、「やはり人でしょう。渡辺海旭が出ました。その前には福田行誡（ぎょうかい）がいます」と言っていました。福田行誡という人は、両国の回向院の住職だったこともあるのですが、廃仏毀釈の嵐の中で、仏法を守り、復興させることに尽力し、明治仏教の柱石ともいわれた人です。

——両国の回向院といえば、そもそも江戸の大火で亡くなられて、身元がわからない多くの人々を弔うために建てられたお寺ですね。浄土宗は人々の痛みに応える事業に熱心に取り組んできた宗門、という印象があります。

島薗　他宗にもすぐれた活動があります。その一つとして、曹洞宗には、先ほどの大内青巒や大道長安以外に、「曹洞扶宗会」という教会・結社がありました。僧俗一体となって新しい時代、近代にふさわしい仏教をめざして活動していたのです。たとえば慈善による宗教的実践として貧児教育に着目して、全国の教員養成や小学校建設などに援助するなど、かなり力を注いでいます。明治の初め、仏教は政府から相当に排撃されたわけですが、新しい国づくりには自分たちに責任があるのだ、という意識を強くもっていたと思うんです。近代教団を再編成して新しい社会を切り拓くのだ、という意識ですね。

このような動きはたしかにあったのですが、大正、昭和の時代になると、総じて全体主義化して社会福祉的な活動は国が行うようになって、国に任せればいいのだという体制になってきました。ですから、戦前に蓄えてきた仏教界の福祉的な活動が戦後の現在までつながっていないという面があると思います。江戸時代から明治、大正、昭和へと、色々な要因が重なって社会倫理的な面が希薄になっていったと感じています。

たとえば日本福祉大学は、法音寺という日蓮宗に属する信仰集団が中心になって設立された大学なのです。そもそも孤児やハンセン病患者の救済活動に取り組む在家中心の団体があって、その蓄積をもとに今度は福祉関係の大学設立に乗り出すということになりました。そして、その運営を福祉の専門家に委ねることにしたのですが、その人たちが宗教にあまり関心がないために、それまでの仏教界の蓄積が途切れてしまうことになってしまったのです。このように戦後になって宗教と社会的助け合いの領域が切り離されてしまった感があります。

戦時中にしだいに保険制度が整っていって「国民皆保険」という制度が整うのは戦後ですね。その後、社会主義に対抗しなくてはならなかった冷戦時代も社会福祉を大事にする時代でした。一九八〇年代になって新自由主義が台頭して、小さな政府ということで、できるだけ福祉予算は削る方向になっていきました。そういう流れの中で民間の力をもう一度見直す時代になっていると思います。

そういう視点から振り返ると、古代の行基以来、仏教はそもそも社会の問題に取り組み、そこに正法を甦らせよう、広めようとしてきたのではないか、それも仏教の本来のあり方ではないか、という認識も必要ではないでしょうか。そして、そのことが大きく思い起こされたのが東日本大震災だったのではないかと思います。

二　三・一一が仏教の再認識を促した

島薗　進

●地域での新しい役割が

――私も何度も東北の被災地に足を運びましたが、とくに津波で身近な人を喪った方々は、お坊さんに対する期待感がとても強いことを感じました。他の人には相談できない宗教的な内容についてお坊さんに相談していましたね。たしかに僧侶という存在が再認識されていたのではないかと思います。

島薗　葬祭仏教といわれますね。人が死に直面した時に仏教が必要とされる。亡くなった人を思う時、仏教の行事が必要とされる。日本仏教が人々の求めに応じて重要な役割を果たしてきたということでもあります。

葬祭は本来仏教徒がやるものではなかったのだと論じる人がいるかもしれませんが、人々が求めて、そこに仏教の力を感じてきたということは事実であって、家族、親族、地域社会の濃厚な共同体と結びついています。そこでこそお寺は重要な役割を果たしてきたわけです。地域社会にとって欠かせない存在でしたね。家族、親族がまとまる時に、お寺との関わりが欠かせない、という関係が、一向一揆の時代あたりから作られてきたわけです。日本のお寺は一五世紀から一七世紀の時代に盛んに建てられたのですが、そのころから、どんな地域にもお寺があって、地域の人々と密接な関わりをもちながら欠かせないものになっていったわけです。ところが、近年、お寺の基盤となる親族コミュニティや地域コミュニティがどんどん希薄になってきて、これまでのようにコミュニティとの結びつきにおいて役割を果たす、ということができなくなってきたのだと思います。

――東日本大震災が仏教再認識の大きな呼びかけになったのではないか、というお話ですが、そのことについてもう少し聞かせていただけますか。

島薗　仏教の再認識ということが、なぜ東日本大震災の後に起きたのかということですね。そのことを考えてみると、一九九五年にも阪神・淡路大震災があったわけですが、神戸や大阪などの大都市はコミュニティのつながりが薄く、その時は僧侶の姿が見えにくかったということがあると思います。しかし、東北という地域には地縁が残っていて、人々をつなぐ僧侶の役割というものがまだ残っています。これまで僧侶やお寺はそういう役割を果たしてきたのだと気づいたと思うのです。あの大震災は地域の重要性というものを改めて思い起こした時でもあったと思います。

――たしかに避難所としてお寺を開放してくださるところが多かったですね。私どもシャンティも活動拠点として曹洞宗のお寺の境内を使わせていただきました。避難所としてお寺を開放した例は、私どもの調べでは約八〇ヵ寺。実際はもっとあったのだと思います。

島薗　この数年間、都市地域で「子ども食堂」という活動が広まってきました。地域の子どもや大人に無料や安価で食事を提供する取り組みで、一般市民が自発的に行うようになりました。貧困家庭や孤食の子どもに食事を提供して、安心してほしいという願いから始まったものです。その中の数パーセントですが、お寺という場所で行っているのです。

なぜこれができたのかというと、人々が益々孤立して手助けを必要としている人がいるのにできていない。そして、人と人のつながりこそ生きがいのもとになっていくのだ、という認識が高まってきたからです。今では二千件を超える数まで広がってきました。震災後にわかってきたお寺の役割というものをこのような活動につなげてもいいような気がします。

明治時代、お寺が運営していた孤児院であるとか、様々な社会福祉施設が、幼稚園として残ってきたようなところがあります。

曹洞宗関係の方々では、秋田県の藤里町の袴田俊英さんらが取り組んでいる活動がありますね。自死対策、高齢者の孤立の対策、自死者を減らすための活動として「よってたもれ」というカフェもできました。僧侶と在家の人が協力して取り組んでいます。仏教の伝統から見ると自然な展開ではないでしょうか。それから、四国で不登校や非行の青少年のことに取り組んでいる野田大燈さんの活動。一般の家庭ではうまく収まらない子どもたちのための活動であり、アジール（避難所）的でもあります。そういう芽がある。それから、ＮＰＯを立ち上げて自死防止に取り組んでいる篠原鋭一さんのような活動もあり、国際協力や災害支援に取り組んでいるシャンティ国際ボランティア会もある。従来の葬祭仏教の枠を広げていくような、そういう活動は、震災後のカフェ・デ・モンク（宗教者が軽トラックに喫茶店の道具一式を積み込んで被災地などを巡る「移動傾聴喫茶」）の活動にもつながっているように思います。僧侶は地域社会で重要な役割を果たしてきましたが、新しい役割を求められているのだと思います。

●ネットワークへの動き

――今回、支援活動に関わって心強く思ったことがあります。静岡県浜松市の若いお坊さんた

仮設住宅での僧侶の傾聴活動（南相馬市）

ちと一緒に活動したのですが、浜松一帯はやがて南海トラフ地震が起きるであろうといわれている地域です。そのお坊さんたちは「いざ、わが地域に地震や津波がきた時どうしたらいいか」と心配になったようです。自発的に気仙沼の寺をすべて廻って、震災時にお寺として何が必要だったか、聞き取りをして、寺院の防災の手引きとしてまとめたのです。やがて冊子（『寺院備災ガイドブック』仏教ＮＧＯネットワーク刊）として出版化され、行政にも知られることとなり、地方自治体と提携を結ぶお寺も出てくる、という動きにもつながりました。

島薗　震災後、「宗教者災害支援連絡会（宗援連）」というネットワークが立ち上がりました。被災者や避難者の助けとなることをめざして、多様な情報を突き合わせ、お互いの経験から学び合う、宗教、宗派を超えた宗教者の組織です。宗援連も防災ということを考えてきました。災害が起きた後の支援、つながり、情報を広めるということ。仏教だけでなく、色々な宗教が協力しながら地域の防災に協力する。そのために行政に協力する、という関係を作っています。東京でもいい関係ができてきました。

　では防災や災害支援だけなのか、ということですね。災害が起きてどんな人も弱い立場になる。しかし、普段から弱い立場にいる人もいる。その人たちのへの支援と切り離せないのではないか。そういうところに宗教の役割があるということが改めて見えてきています。

　東北の災害の後、熊本の地震がありましたね。宗援連もかなり関わって熊本で集会を開いたこともありますが、これまでの経験や蓄積がすごく活かされていました。熊本の僧侶たちが支援した東北の人たちが、今度は熊本に駆けつけてノウハウを伝えているのです。行政が「まだ準備ができていませんからボランティアは早過ぎます」といっている時、いち早く駆けつけていましたね。地域を超えたこうしたネットワークというものも宗教界の強みです。行政の方もそのことにだんだん気づいてきています。復興庁の方も、政治家もそういうことに積極的になってきています。後からお話しする臨床宗教師のことも国会で取り上げられましたし、普段からそういう役割が重要なんだという認識が広まってきていると思います。

――私は阪神・淡路大震災の時にも現地入りして活動したことがあるのですが、その時とくらべて、現在のお坊さんたちの災害支援に対する姿勢には隔世の感があります。体験や知恵が蓄積されて、支え合いの全国的な連鎖が生まれていると思います。

島薗　阪神・淡路の時は、「僧侶はそういうことをしなくてもいいんだ」と思っている人たちがいましたね。ボランティアは誰にでもできることなんだから、僧侶は僧侶としてやる特別なことがあるんだから、という感覚だったと思います。でも、「それは違うのではないか」という認識が若い僧侶たちの中から生まれてきたのではないかと思います。曹洞宗青年会なども、能登沖地震災害のあたりから、總持寺祖院が被害にあったということもあってとくに熱心にボランティアに出かけるようになって、やはり支援というのは、一人一人に接するボランティアとか傾聴活動などが大事なんだということに気づかれて取り組むようになったのではないでしょうか。

〈視点〉日本のナイチンゲール、瓜生岩　［大菅俊幸］

この対話の後日談を一つ。幕末から明治にかけて日本の社会福祉、児童福祉の草分けとして活躍した福島の瓜生岩。島薗氏のお話に感銘を受けて、その後、調べてみると、瓜生が設立した「福島愛育園」の現理事長が吉岡棟憲(とうけん)師（福島市・曹洞宗円通寺住職）であることがわかった。吉岡師とは旧知の間柄であったので、早速連絡をとったところ、ありがたくも、瓜生ゆかりの地を案内していただけることになった。

こうして二〇一八年の八月末、一泊二日で、島薗氏とその教え子の大学院生と一緒に福島県の喜多方を訪ねた。記念館や旧宅跡地などを巡り、熱塩温泉に向かい、示現寺にある瓜生の墓もお参りした。夜は瓜生の実家の旅館山形屋に一泊、翌日は福島愛育園、長楽寺などを訪問。今まで知らなかったことばかりで本当にありがたいことであった。

福島県会津の商家の主婦であった瓜生岩。文字どおり波瀾万丈の人生であった。子どものころに父を喪い、呉服屋を営んでいた三十代には母を、そして仏教に造詣が深くかねてより敬愛していた医師の叔父を、さらには夫も喪った。あまりの災難続きに、尼僧となろうと決意して寺の住職に頼み込むが、諭されて、残りの生涯を人助けに捧げようと決心する。

その後のことである。折しも戊辰戦争のまっただ中、薩長軍が会津に侵攻し、戦場と化した若松の町は死臭に満ちていた。その惨状を目にして、「命に敵味方がございましょうか」と、敵味方の区別なく次々に負傷者を救護した瓜生。戦後は、学校を作って孤児や貧困の人々の保護に取り組み、その後も多くの事業を手がけ、生涯、弱き人々のために身を捧げた。

　こうした瓜生の事跡はもちろんであるが、瓜生に対した住職の姿にも心を打たれる。この人は、瓜生の実家の菩提寺、示現寺（曹洞宗）の住職、隆覚（りゅうがく）老師である。

　幼いころから仏様に手を合わせることを教えられ、お参りにも通い、何かとお寺に相談に訪ねていた瓜生。次々に身内を喪う災難に遭遇し、「どうして私ばかりこんなに悲しい目に――。いっそ尼になって」と思っても不思議はない。それに対して住職は「それは殊勝な決意」と、快く応じてもよかったはず。でもそうはしなかった。「御仏はすべてをご存知で、お前なら越えてゆけると思われたから、そういう試練をお与えになったのだ。もっと苦しんでいる人がいる。すべてを御仏に捧げ、仕える心で、その人々のためにお前の手を使いなさい」と諭したという。これがなければ、その後の瓜生岩はありえなかった。その後の人生を決定づけたといっていい。おそらく瓜生の機根を見抜いていたからであろう。まさしく啐啄（そったく）同時。その慧眼、化他力に敬服の思いである。このような境地を有する宗教者が、現代にもいてほしいものである。

　もう一つ思われたことがある。瓜生が活躍したこの時期、ヨーロッパではスイスの実業家、アンリ・デュナンが北イタリアでソルフェリーノの戦いに遭遇している（一八五九）。この戦いは両軍合わせて四万人近くの死傷者が出る激戦であったといわれる。デュナンは戦場に放置された死傷者の姿を見て、「傷ついた兵士はもはや兵士ではない、人間である。人間どうしとしてその尊い生命は救われなければならない」との信念のもと、両軍分け隔てなく救護活動にあたった。その体験を書いた書物『ソルフェリーノの思い出』が、赤十字創設（一八六三）の契機となる。また、クリミア戦争において、ナイチンゲールが負傷兵を献身的に救護し、医療衛生の改革を行ったのも同じころである（一八五四〜）。さらに日本の話に戻って、西南戦争では薩摩軍と政府軍の激しい戦闘が行われ、両軍とも多数の死者を出している。このことに心を痛めた佐野常民と大給恒は傷病兵の救護の必要を痛感し、「博愛社」という救護団体を設立（一八七七）。薩摩、政府両軍の傷病者の救護にあたった。「博愛社」はやがて日本赤十字社発足へとつながる。

共時性というべきか。期を同じくして、世界各地に同様の現象が起きていたことに気づく。「怨親平等」「人類愛」を促す〈時代の風〉が吹いていたと思われてならない。

時あたかも、自国の利益ファースト、排外主義の風潮が席巻し、対立と分断が進む現在の世界情勢を思う時、瓜生岩が生きた時代に学ぶことは多い。

第二章 「人生一〇〇年時代」と仏教――日本仏教の現状

一　「人生一〇〇年時代」とは何か（川又俊則）
二　宗勢調査から見えてきたもの（川又俊則）
〈視点〉「居場所・つながり・役割」と「生きがい」（大菅俊幸）

一　「人生一〇〇年時代」とは何か

川又俊則

●今、いかなる時か——人口減少化への対応の遅れ

——先生は、曹洞宗はじめ様々な教団の宗勢調査などに幅広く関わっておられますが、そのようなご体験をもとに、日本仏教の現状について感じておられることを聞かせていただけますか。

川又　まず、社会学を研究してきた者として、議論の前提を話します。現代日本は一九六〇年代、皆保険や皆年金など、現代につながる社会保障制度が開始されました。やがて高度経済成長期を終え、安定成長期へ変わる一九八〇年・九〇年代に制度が見直されました。今思えば、小手先の改革にとどまっていたようにも思われます。やがて、少子化・高齢化が話題になって、「平成の大合併」や構造改革が実施され、二〇〇五年の国勢調査では「人口減少」が現実のものとして人々の認識が広がりました。ただし、国、地方自治体、教育機関、一般企業などは、将来を見通した抜本的改革にとりかかるのではなく、現状維持に汲々としているようにも思い

ます。私たちはこういう現状にあるのだということを認識することがまず大事ではないでしょうか。

思い起こせば、私が大学院生だった一九九〇年代、現代社会を扱った論文の多くは、経済成長や科学技術の進展が前提でした。新宗教や伝統仏教については、これにどう対応していくかが問われるなど、現在とはまったく異なっています。しかし現在、私たち自身、今後どのような社会になるか先が見えない状況にあり、従前とは議論の前提が違ってきます。

私自身、十数年前に今の大学に着任以来、ずっと三重県に居住しています。今回のように東京に出て山手線に乗ると、相変わらずの人口の過密さに、人口格差を実感します。地方から大都市圏への人口流出など「極点社会」の議論もありますが、三重県でも一八歳人口の県外流失超過は大きく、この課題に対し、県内各所で必死な議論、様々な対策が実施されています。しかし、簡単に解決するものでもありません。

翻って、宗教教団がどうなっているのかといえば、多くの教団が何とかなっているということで、その維持で立ち止まっているのが現況ではないでしょうか。一年前ぐらいに各教団の機関誌のバックナンバーに目を通し、およそ五〇年前から現在までの教団会計を確認したことがあります。すると、近年の項目内容・比率は、バブル経済のころと大きく異なっていないように思いました。人口減少は社会全体に長期的に影響を与えます。私は経営学の専門家でもないのですが、教団会計の概要を見る限りにおいて、各教団が今後の人口減少に対して抜本的な対策を立て対応できているようには思えませんでした。

国、地方自治体、教育機関、宗教教団などで、本来は、もっと前に手を打っておくべきところ、対応が相当遅れているのではないかと思われます。

――社会全体として人口減少に対する危機感を感じ始めたのはいつごろでしょうか。

川又　阪神・淡路大震災がありましたけれど、やはり二〇一一年の東日本大震災あたりが大きなきっかけではないかと思います。

――意外に最近のことなのですね。

川又　高齢化割合が高く、共同体維持が不可能な状態を指した「限界集落」という言葉は、一九九〇年前後に登場しましたが、当時はあまり浸透していなかったと思います。ところが、二〇〇六年に国交省が行った「集落状況調査」の結果、具体的な町の名前を出さず、高齢者が半数以上占める集落、機能維持が困難な集落、一〇年以内に消滅の可能性のある集落などの数を

川又俊則（かわまた・としのり）

1966年生まれ。茨城県出身。成城大学大学院文学研究科日本常民文化専攻博士課程後期単位取得退学。現在、鈴鹿大学・鈴鹿短期大学部副学長、同大学こども教育学部学部長、教授。社会学（宗教社会学・教育社会学）。様々な仏教教団や寺院、キリスト教教会の調査にも携わり、それらに基づいた幅広い知見をもとに、人口減少社会における宗教の役割について精力的に提言している。著書に『ライフヒストリーの宗教社会学』（ハーベスト社、2006)、『人口減少社会と寺院』（法藏館、2016)、『近現代日本の宗教変動』（ハーベスト社、2016)、『基礎ゼミ宗教学』（世界思想社、2018)、『岐路に立つ仏教寺院』（法藏館、2019）（いずれも共編著）など多数。

発表したことにより、「うちはどうなのか」という緊迫感が生まれ、この言葉が頻繁に議論されるようになりました。さらに、二〇一四年には日本創成会議が、国勢調査をもとに二〇四〇年までに「消滅可能性都市」とされる八九六の自治体すべての名前を公表しました。具体的に「うちはどうなのか」が示されたことによるインパクトは、とても大きかったと思います。

――その流れの中で宗教教団の危機感も切実になってきたのでしょうか。

川又 それまでも危機感は感じてはいたのだと思いますが、おそらく、多くの寺院では「自分のところはまだ大丈夫」という意識も強かったのではないでしょうか。

そして、今も「まだ何とか大丈夫」と思われているのかもしれません。一九九〇年代、私がまだ二〇代のころ、東京のあるプロテスタント教会の調査をしたことがあります。白髪まじりの方が多く、このままだと、この教会は高齢化が進んで高齢者だけの教会になって維持できなくなるのではないかと、その教会内でも心配されていました。でも、東京は人口移動が激しいということもあって、一〇年たっても二〇年たっても、結果的にその教会は生き残り続けました。教会やお寺がある日突然消滅するわけでもないので、自分の教会やお寺が、明白な危機的状況にならない限り、「まだ大丈夫」という意識になるのではないかと思います。となると、教団レベルでもっと警鐘を鳴らしていく必要があるのではないでしょうか。

――もっと早くから危機感をもっていれば、もっと早くに手を打っていればということですね。考えさせられます。

川又　人口が増加し、高学歴化が進んだことから、大学は全国各地で新たに設置され続けてきました。しかし、一八歳人口はすでに一九九〇年ごろから徐々に減少しており、進学率も近年では頭打ちの傾向にあります。文科省は、大学の統廃合や大学連携の事例集を配布し、大学に関する規模縮小の議論も見られます。すでに、小中学校の数は、一九八〇年代をピークにどんどん減っていますが、統廃合が進んでいるからでしょう。そして、結果的に小学校がなくなった地域は、やがて消滅に近いような集落状況で、お寺や神社もそのまま廃れた状態になっている例は、各地でいくつも見ることができます。日本社会のありとあらゆる分野で、「選択と集中」という状況下にあります。お寺と神社だけが統廃合から免れられるということはありえないのだと思います。

●『LIFE SHIFT（ライフ・シフト）』と「人生一〇〇年時代」

――話は少し変わるのですが、「人生一〇〇年時代」ともいわれますね。先生も論文の中で『ライフ・シフト』(注1)という本のことを紹介されつつ、「人生一〇〇年時代」となって、今や八〇歳まで仕事をしなければならない時代になってきたと指摘されています。七〇歳近くなった私にとってても実感です。同世代の人たちを見ても、六五歳を過ぎても次の仕事やテーマを探そうとしている人が多いですし、これまでのように定年になって余生は悠々自適に、というわけにはいかなくなってきました。

川又　『ライフ・シフト』という本は、二〇一六年に翻訳されるとベストセラーになって、多くのメディアでも紹介され、私も大いに刺激を受けました。政府もこの本の内容に呼応したかのように、早速、「人生一〇〇年時代構想会議」を創設し、早くも二〇一八年六月には、「人づくり革命基本構想」を発表しています。

世界的に高齢化の時代を迎えていますが、この本では、世界各地の統計などの資料を検討して、過去のロールモデルは役に立たないとして、寿命一〇〇年時代にどんな変化が起こり、どんな人生戦略をとるべきなのかという指針が述べられています。

たとえば、二〇〇七年に日本で生まれた子どもの半数は、一〇七歳まで生きると予想されます。その子たちは現状のように、二〇歳過ぎから六五歳ごろまで企業などで働けば、定年退職後も安心して過ごせるでしょうか。仮に、働いていた時代に収入の一〇％を貯蓄し、引退して一〇七歳まで、最終所得の半分の資金で暮らすことを計算すると、八〇歳まで働くことが前提となります。となると、何度か転職を重ねて八〇歳まで働けるように「生き方」を変えなければならなくなります。お寺の檀家さんたちも、このような時代を生きるわけです。

――「働き方改革」ならぬ「生き方改革」が促されているということになるでしょうか。

川又　社会の仕組みや制度を変えることももちろん必要なのですが、私は、考え方自体を切り替えて、前向きに捉える方がいいのではないかと思っています。

今、大菅さんがおっしゃったように、二〇代まで学業にいそしんで、それから働き始めて、六〇代でリタイアする、というのが、おそらく戦後の一つの理想的なライフスタイルになっていたと思います。しかし、そもそも戦前はどうだったかというと、農業や漁業に従事する人々が多く、ほぼ生涯現役で働いていたはずです。そう考えると、「学ぶ時期」「働く時期」「退職以降」という「三つのステージに縛られた考え方」ではない方がむしろいいのではないでしょうか。じつは色々な働き方があるわけです。「一旦就職すると、それで将来がすべて決まる」

というのではなく、「多様な生き方を選択する」時代というのは、私たちにとって、とてもいいことのように思われます。

八〇歳まで無理やり働かされる、と考えると嫌な気持ちになりますけど、そうではなくて、たとえば、自分が大学卒業時点の二二歳で職業を決めたとしても、その後、三〇歳代や四〇歳代になって「起業したい」「転職したい」と思い、人生の選択肢を探るために、どこかの大学院に入り直し、新たなことに挑戦する……そういうことが当たり前と思えるようになればいいですね。

――「人口減少社会」とか「人生一〇〇年時代」といわれると、つい悲観的に考えてしまうところがありますが、そうではなくて、前向きに、もっと創造的に考えようということですね。

川又　そうですね。それから『ライフ・シフト』の中では、持ち家、現金、銀行預金などの「有形資産」だけではなく、「無形資産」が重要であると述べられています。つまり、これからの時代、物やお金だけでなく、目に見えない形のない資産が大事だということですね。それは四つあります。まず「健康」、それから「パートナー」と「つながり」です。「つながり」というのは、友人や仕事のつながり、何らかのつながりということです。あともう一つは「能力」

なのですが、私はこれを「学び続ける力」と解釈しています。つまり、生きている間、学びはずっと続くのだということです。この発想に立てば、学びの場は身の回りに多様にあります。大学でも、仏教講座でも、ボランティアでもいいので、そういうことに前向きに参加し行動することで、生き方の改革、自らの改革ができるのではないかと思います。そう考えると、宗教者、僧侶の方々は、それぞれの現場において、様々に活躍できる可能性があるということだと思います。

――そういえば、「スーパーボランティア」と呼ばれて、ある高齢のボランティアの方が話題になったことがありましたが、定年退職後の高齢者の一つの生き方として、多くの人が共感や憧れをもって受けとめたのだと思います。たしかに宗教者、仏教者の方から様々な生き方や学び方の提案をしていく必要があるのかもしれませんね。

●「老いと宗教」

――まさに「人口減少社会」「人生一〇〇年時代」に仏教はどんな役割を果たせるのか、ということになりますね。「老いと宗教」というテーマに尚一層真剣に取り組まなければなりません。喫緊のテーマですね。

川又　本当にそう思います。ところが、死と宗教、お墓と宗教、供養と宗教などについては、これまでに、数多くの研究成果があるのですが、どういうわけか「老いと宗教」については、少なくとも私が知る限りにおいて、ほとんど研究されてこなかったように思われます。エアポケットになっている感じですね。

そこで、「老いと宗教」について、最近、いわれるようになった「ウェルビーイング（well-being）」ということと関連づけて少しお話ししたいと思います。私はこの三年間、北海道大学大学院の櫻井義秀教授が代表を務める「人口減少社会日本における宗教とウェルビーイングの地域研究」という共同研究の分担研究者として、信仰継承に関する研究に取り組んできました。

まず「ウェルビーイング」という言葉が、どういう意味かということですが、直訳すると「しあわせ」とか「幸福」ということになります。もう少し詳しくいうと、「健康の維持」と「良好な人間関係」と「ある程度の経済生活」です。この三つが「しあわせ」の要素だということですね。誰もが大事だと思えるものです。では、それらが不足した場合、はたしてウェルビーイングといえないのか、幸せといえないのかというと、どうでしょうか。決してそんなことはないように思います。今の三つの要素のどれかが欠けたところがあったとしても、活き活きと生きることができるのではないか、前向きに生きられる人生観というのがありえるのではないか、ということです。そういう観点から、この「ウェルビーイング」に着目した研究が進められているのです。

私は、人生を前向きに生きていく、という意味でいうと、宗教や宗教文化というものは十分にウェルビーイングの役割を果たしうるものだと思います。

たとえば、後で詳しくお話ししますが、私が調査している北海道の苫小牧地区にある教会の人々は、高齢者になっても毎週教会に行くことが自分にとっての励みになっていますし、健康の秘訣にもなっています。これは仏教でも同じです。三重県の浄土宗のお寺の例ですが、八〇歳を超えるおばあさんが、年に一〇回行われる行事に参加し、皆さんと一緒にお経を唱えています。その方は、それに参加するために、必死に階段を上って来られて、それで、本堂に上がるとしゃんとされている。そういう姿を何回か拝見しましたが、人間というものは、思いがあって、仲間がいて、自分の役割があると、こんなにも活き活きと生きられるのだ、と考えさせられました。それは、各地の曹洞宗の檀信徒の皆さんにも感じるところです。

それから、同じく三重県にある真宗高田派の「七里講」という講の場合、定年退職された方が、上の世代から大きな役をバトンタッチして、十数年にわたって講を守り続けています。高年齢になった人ならではの役割があって、それを果たすことによって信仰も深まり、周りから尊敬もされるのだと思います。

これらの例を通して、ウェルビーイングのモチベーションの大きな一つとして宗教はあるのだということに改めて気づきました。宗教は〈老い〉というものに間違いなくプラスの影響を及ぼしていると思います。お寺や僧侶には、〈老い〉の世代の生きがい＝ウェルビーイングを実現できる大きな可能性があると思います。

――〈老い〉に対して私たちはマイナスのイメージだけをもっているのかもしれませんね。

川又　〈老い〉のよさもあるし、可能性もある。それをきちんとアピールすることが「人生一〇〇年時代」なのだろうと思います。六〇代、七〇代の方でも、スマホやSNSなどを使いこなしている方がけっこういらっしゃいます。一〇〇年生きるならば、よりよく生きたいし、楽しく生きたいわけです。そういう考え方に切り替えるためにはどうしたらいいのか、みんなで考えて提案する時なのかもしれません。とくに地域に根ざして心の安らぎに深く関わる仏教者に期待されるものは大きいと思います。

――ありがとうございます。人口減少時代とともに寺院も減少していくのだ、と悲観的に考えがちですが、「人生一〇〇年時代」、仏教者は前向きな生き方や学び方を提案していく時なのだと、希望をいただいた気がいたします。

注

（1）リンダ・グラットン、アンドリュー・スコット（池村千秋訳）『LIFE SHIFT』東洋経済新報社、二〇一六年。

二　宗勢調査から見えてきたもの

川又俊則

●宗勢調査について

――では、次のお話をうかがいます。先生は多くの教団の調査に携わっておられるので、そこに見られる共通の課題とか、特徴などについてうかがいたいと思います。まずは曹洞宗の宗勢総合調査から見えてきたことについて聞かせていただけますでしょうか。

川又　私は、二〇〇五年と二〇一五年、二回の曹洞宗宗勢総合調査、および、その間に行った二〇一二年の曹洞宗檀信徒意識調査に関わらせていただきました。

他の委員の方々と一緒に質問紙を作成し、一万件を超える回答を得て、それを分析した報告書を刊行しました。社会学者として貴重な経験をさせていただいて大いに感謝いたしております。この最新調査の内容から申し上げたいことは四点ほどあります。

まず一点目ですが、檀信徒数について、檀家数が四六七万人、信徒数が五三万人、合計五二〇万人と推計しました。曹洞宗寺院は、大都市にも過疎化が進む地域にも多く分布し、全国規模で展開している大きな宗派ですから、日本の寺院の将来像を考える時、この曹洞宗の現状や動向を把握することは大事だと考えています。

二点目です。この調査結果でポイントだと思ったのが、住職以外の僧侶の減少という現実です。徒弟は四〇年前の半数以下です。徒弟と副住職合わせて五三〇〇人。今から四〇年前は九〇〇〇人以上いましたから、将来住職になる方々が、半分に減っていることを意味します。それらの方々が全員、住職になるわけでないとすれば、将来の住職をどうやって確保するかを考えねばならないでしょう。

住職は、調査ごとに平均年齢が上がっており、年齢構成で見ても高齢化を指摘できます。それは同時に、副住職の方々も高齢化していることを示唆します。本来、もっと早く住職にならなければならない人たちが、ずっと副住職のままでいる、という現状は、人材の新陳代謝という点から考えれば、必ずしも好ましいとはいえないように思います。

次に三点目です。「随喜」(注1)と「用僧」(注2)についても具体的な回数を調べました。すると、随喜は年平均一三回、用僧も年平均一〇回程度という結果でした。用僧がゼロというケースも、二七・九パーセントです。つまり、これまで葬儀などに複数の僧侶が携わっていたのが、一人だけになってきている、という傾向が、はっきり示されたと思います。

これまでは、地域のお寺がお互いに助け合い、住職どうし、僧侶どうしの協力・連携の中で、同時に切磋琢磨してきたのだと思います。現在は、そういう面が希薄になってきているのかもしれません。随喜や用僧が減る背景には、檀信徒側の経済上の要因もあるかもしれませんが、僧侶どうしのつながりが弱くなり、その結果、全体的に僧侶の力自体が徐々に失われつつあるかもしれないと思わせる結果でした。

四点目は、兼務についてです。(注3)兼務寺院は一九九五年の調査のころから増加傾向が指摘されていましたが、今回の調査でも増え、寺院全体の二割を超えています。また、兼務寺院から給料を得ている人は、兼務寺院で働いている人の二割しかいないとわかりました。ということは、本務寺院の仕事が中心で、兼務寺院の仕事は奉仕として務めているのが現状なのです。忙しさは増え、その分の見返りがなく、当該の僧侶の方にとって厳しい状況だということが、今回の調査からわかりました。

その他、着眼すべき点は様々ありますが、私がとくに取り上げたいと思ったのはこの四点です。

●他宗との比較から見えてきたもの

――ありがとうございます。先生は他宗派の調査と曹洞宗調査を比較した論文も書かれていますが、他宗と比較するとどんなことが見えてきたのでしょうか。

川又　他の宗派とくらべて見えてきたものについて、様々思うことがあるのですが、三点ほど共通の課題を述べたいと思います。

一点目は寺院格差です。たとえば浄土真宗本願寺派では、法人収入を三区分した分析をしています。今回の曹洞宗の報告書では、それを参考に、低収入寺院、中収入寺院、高収入寺院と、三つに分けて考察しました。すると、高収入寺院と低収入寺院の二極化という現象が見えてきました。

とくに、低収入寺院のうち、収入ゼロや一〇万円以下というお寺もあるのですが、そういうところでは、寺院護持について「続けてほしくない」「わからない」と考えている僧侶が四割ほどいました。お寺を維持し、守り続けるのが負担になっている現実が浮き彫りになったのです。高収入寺院のお寺は、後継者に対する意識が高く、逆に、低収入寺院では、経済的に苦しく、自分と同じ苦労をさせたくない思いもあり、次世代への継承に不安を感じているようです。お寺の経済状況は、継承意識の違いにもつながることがわかります。多くの方々にとって、予想されていたことかもしれませんが、こうして、結果が数値として示された意義は大きいと思います。このようなデータは、他宗派の調査でも表れており、高収入寺院と低収入寺院の二極化という現象は、日本仏教全体の傾向と見なせると思います。

二点目は、後継者です。調査の結果、現在の住職の方々は、前住職の実子が六割、そして、実子を含めて、前住職と親族関係にある割合が八割でした。また、お寺の運営の継続を希望する方々に、後継予定者は誰かたずねると、過半数は実子という回答でした。後継予定者がいない方には、その理由をたずねましたが、「弟子がいないから」「子がいないから」という回答がそれぞれ三割でした。つまり、曹洞宗の現状は、住職は実子による継承が中心だと確認できます。しかし、後継者は実子に限りません。僧侶になってお寺の仕事をしたいという在家の人たちもいますから、そういう人たちに門戸を開放する可能性を検討する時期ではないでしょうか。もちろん、住職になる道としては、師匠と弟子の関係があるわけで、在家出身者の活用は、個別寺院では対応しきれるものではなく、仏教界全体の大きな課題だと思います。

三点目としては、明らかに檀徒数は減少し、寺檀関係の縮小化の時代に入っていることです。

かつては檀信徒の数として一軒に四、五人を想定できましたが、今では、三世代世帯が少なくなり、独居の高齢者や結婚しない人も増えています。そう考えると、檀家数を維持できても、檀徒数は減っているわけです。檀徒数と寺院の法人収入は大いに関係します。寺檀関係が縮小化すれば、やがて、寺院の存続が困難になると想像されます。

もう一つ申し上げるなら、今回の調査で「檀家さんはどれぐらいの範囲におられますか」と質問しましたが、寺院の周辺、近隣の地域に居住している方が多いという結果でした。農村社会学者の徳野貞雄先生（熊本大学名誉教授）は、地域に残る親と他出した子や孫との関係について、「T型集落点検」という手法で確認しています。すると、高齢者を中心とした世代が地域に残り、若年世代が流失していても、近隣・近距離に住んでいる子どもたちとの間で、相互扶助が行われていることがわかりました。お寺と檀家の関係は、近隣以外に、菩提寺から地理的に遠方に住んでいる人たちも含めて考えることができるかもしれません。

しかし、遠方にいる檀信徒の中で、お寺やお墓などにほとんど来ないような人たちは、やがて、そのお寺との関係は薄くなっていくのではないでしょうか。たしかに、現在、遠方に住み、親が熱心に関わるお寺を何らかの形で支える人も、檀信徒と見なせるかもしれません。しかし、地方にいる高齢の父親、母親が亡くなった時、東京にいる子どもがどうするかといえば、それを機会に離檀する可能性が低くはないのではないでしょうか。そう考えると、現状は一見大丈夫だと思われていても、じつは、次世代へ続くかどうかは、安穏とできる状況ではないと思うのです。

檀信徒は他地域へ移動しても、お寺自体は移動しませんから、その中でどのように対応していくかは、仏教界共通のことでしょう。

――今、「寺院格差」「後継者の問題」「寺檀関係の縮小化」という三つの点を指摘されたわけですが、これらは曹洞宗だけではなく、日本仏教全体に共通した課題だということですね。

川又　他の宗派でも類似の調査結果が出ており、皆で解決すべきことだと思っています。

●檀信徒意識調査から見えてきたもの

――なかなか厳しい現実が見えてきました。その一方で、僧侶や寺院の側だけではなく、それを支えている檀信徒の側がどんな気持ちでいるのかを知ることもとても大事ですね。曹洞宗檀信徒意識調査から見えてきたものについてはいかがですか。

川又　まず、そもそも今までの宗勢調査は、主に僧侶の方々を対象に、一〇年ごとに全数調査として実施してきたわけですが、寺院や僧侶を支えている檀信徒の皆さんは、実際にどういう意識でいるのかを調査する必要があるということから、檀信徒意識調査が行われることになりました。

ご住職を通じてお願いした調査ですから、お寺に親近感をもっておられる人が多いでしょう。しかし、中には自由記述欄で辛辣なことを書いていた人もいました。対象となった二〇歳代から八〇歳代までの方々の回答は、日本全体の宗教意識・行動と大きくズレたものではないと思っています。

その結果を見ると、まず宗教行動として、「先祖供養のために手を合わせて祈っている」と答えた人たちが約八割いらっしゃいました。しかし、「坐禅などの修行をしている」という人たちは一割未満に過ぎません。それから、どんな時に菩提寺を訪問するのかというと、「葬儀や法事の時に頼みに行く時」という人たちが八割。「葬儀や法事に参加する時」という人たちが七割。「寺の行事や儀礼に参加する時」そして「お墓参りの時」がそれぞれ六割。つまり、お寺は死者供養の場と理解されていることが明らかになりました。多くの檀信徒の方々が実感されている、曹洞宗との関わり方ということなのでしょう。

申し上げるまでもなく、曹洞宗は坐禅を中心とした教義を展開しています。当然、僧侶の方はそれを強く意識していらっしゃるし、檀信徒の方々もそれはご存知のはずです。しかし、先祖供養を中軸とした運営が現実だということが、この調査でも示されたと思います。僧侶と檀信徒との関わりにおいて、先祖供養を無視できないのは、日本仏教全体の実態でしょう。

逆にいうと、葬儀や法事、年中行事、お墓があるからお寺に行く、という人がたくさんいるわけですから、僧侶という立場で、その事実を前向きに認識して、檀信徒としての関係をしっかりつないでいくことが大事なのです。

私はキリスト教の教会調査も行っています。（キリスト教の）教会とお寺との決定的な違いは、人々がどのくらい教会やお寺に来ているかということです。キリスト教の場合、信徒の方々は、毎週、必ず教会の礼拝に行きますから、一年間に五二回は教会に通っていることになります。熱心な人たちは、平日に行われる祈禱会や聖書研究会などにも出かけるので、年間、百回以上教会に通うこともあります。

それに対し、仏教のお寺の場合、熱心な檀家の方は、年間に何度もお寺に行かれますが、一般の檀家の方々は、自らが関係する法要や年中行事などで年に数回行くか、あるいはそういう機会にさえ行かない方々もいらっしゃるかもしれません。

そう考えると、色々な工夫をして人が集まる努力をされているお寺は、何かと檀家さんが足を運び、お寺が維持されていくと思うのですが、そうでないところは、しだいに檀家さんの足が遠のき、気持ちも遠ざかって運営が厳しくなっていくと推察されます。もちろんご住職は忙しいので、わかっていてもそういう余裕はないという現実もあるとは思います。でも、関わり方という点で考えれば、教会に対する信徒さんの意識とお寺に対する檀家さんの意識は、相当に違っているだろうと思います。
この調査を行った二〇一二年の時点で、このようなことを考えました。

――二〇一二年というと、弔いの多様化がマスコミなどでいわれるようになって、「墓じまい」とか「お墓はいらない」という言葉が出始めたころですね。「手元供養」ということも出てきたころです。

川又 そうですね。当時、マスコミで取り上げられても、それらは一気に広まるわけでない、と思われていたかもしれません。それから六年たった二〇一八年現在、地方や都市部での違いや、お寺それぞれの事情もあるでしょうが、全体的に見れば、お寺離れや墓じまいなどは、徐々に広がっているように思われます。二〇一五年の宗勢調査でも、五割近くのお寺では、過去一〇年間で「一〜一〇件」の「墓じまい」があったと答えています。

また、檀信徒意識調査で「お寺を守ることが檀家のつとめである」ということを、六割以上の人が「そう思う」と答えています。その意識は、現在も変わっていないのではないかと考えられます。ただ、そのように前向きに答えたのは、現在お寺を支えている高齢者の方々です。若い世代の方々は、そこまでお寺の付き合いがない人たちなので、檀信徒調査でも、様々な問題に対して、疑問や意見を述べています。社会に開かれる場所、悩み苦しむ生者に対応することなども期待されているお寺にとって、今後、若い世代の気持ちをどう惹きつけるかが大きな課題だろうと思います。

――なるほど。前節のお話では「人生一〇〇年時代」といわれる今、〈老い〉の世代に対して、仏教者は新しい生き方を提案していくことが求められているのではないか、とご指摘いただきましたが、その一方で、たしかに未来のことを考えると、〈若い世代〉にいかに仏教やお寺に関心を向けてもらうか、真剣に考えることが必要ですね。

注

（1）他人の善に触れて喜びの心を起こすこと。転じて、法会に参加しお手伝いすること。
（2）葬儀や法事において導師の補助をする僧侶のことを曹洞宗ではこのように呼ぶ。臨済宗などでは役僧と呼ぶ。
（3）すでに本務地で住職をしている僧侶が、後任の住職が見つからないお寺の住職を兼ねる制度。

〈視点〉「居場所・つながり・役割」と「生きがい」〔大菅俊幸〕

「人生一〇〇年時代」は、八〇歳まで働くことが前提となって、老いの生きがいをどう見つけるかがとても重要であることがわかった。それに関連し、川又氏が語った次の言葉に共感した。「人間というものは、思いがあって、仲間がいて、自分の役割があると、こんなにも活き活きと生きられるのだ、と考えさせられました」。

活動を通して私自身が感じてきたことでもあるからだ。

東日本大震災後、被災した気仙沼市本吉町前浜地区の住民からまず挙がったのが「みんなが集まる場所がほしい」という声であった。それぞれの自宅再建もまだ手つかずなのに。さすがに驚いた。アンケートをとり、話し合いを重ねたが、賛成多数で「前浜コミュニティセンター」の再建が決定された。シャンティなど支援団体や行政と協働し、地域住民が主体となって意見を述べ、企画し、作業が始まった。自分たちで木を伐り、製材することから始まって、女性たちの炊き出しに至るまで、それぞれが役割を担い、ほぼ二年かがりで迎えた落成式。地域自慢の「大漁唄い込み」の歌声も高らかに、住民たちの晴れ晴れとした姿が印象的であった。この再建は「地域力」を発揮したモデルケースとして各方面から注目された。居場所、つながり、役割がいかに人間の元気につながるものか、思い知らされる体験であった。

秋田県の「よってたもれ」の活動にも同様のことを感じる。

秋田県藤里町は県内有数の過疎化の町であるが、自死者が多いことも問題となっていた。そんな状況に心を痛め、一人でも自死者を減らしたいと、袴田俊英師（藤里町、曹洞宗月宗寺住職）は、地域の有志とともに「心といのちを考える会」を立ち上げ、誰もがふらりと立ち寄れるコミュニティカフェを始めた。それが「よってたもれ」というコーヒーサロンである。毎週火曜日の午後、町の施設を借りて運営される。自死やいじめや貧困の原因は人々の〈孤立〉にあると考え、かつての「結（ゆい）」というつながりに代わるものとして、共同作業を失った農村コミュニティの再生を考えてのことであった。

「よってたもれ」とは、「どうぞお立ち寄りください」という意味。ともかく話を聞いて会話することを心がけている。高齢者を中心に年間約三〇〇名が利用。スタッフは袴田師を含めて有志のボランティア。効果はすぐに現れた。取り組みの翌年には、町の自死者はゼロになった。ところが男性の中にはそうした集いに顔を出すことを苦手とする人もいるようで、夜に「赤ちょうちん『よってたもれ』」も始めることにした。すると話が弾んで、決まって「町をこうしていきたい」という話題になっていくという。

ただ、いかなる試練や逆境にあろうと、生きる力を取り戻し、生きがいや使命感を見出すのは、結局は自分自身によるしかない。自死で家族を亡くされた方の遺族に、袴田師はいつもこう話しているという。「いま苦しいということはあなたを必ず変えていくことになります。変容していく、あるいは成熟していく、とても大事な時間なのではないでしょうか。一人で乗り越えるのは大変でしょうが、いまを大事な時間だと思ってください」（櫻井義秀編『しあわせの宗教学』法蔵館より）

常に、苦しむ人、悲しむ人のそばにあろうとした精神科医、神谷美恵子氏も、名著『生きがいについて』（みすず書房）の中で次のように述べている。

ひとは自己の精神の最も大きなよりどころとなるものを、自ら苦悩のなかから創り出しうるのである。知識や教養など、外から加えるものとちがって、この内面からうまれたものこそいつまでもそのひとのものであって、何ものにも奪われることはない。

第三章

僧侶——死と生に寄り添う存在——これからの僧侶とは①

一　これからの僧侶像とスピリチュアリティ
　　——臨床宗教師が問いかけるもの（島薗進）
二　僧侶にはコミュニケーション能力が必要（前田伸子）
〈視点〉人間は死んで終わりではない——岡部医師の願い（大菅俊幸）

一　これからの僧侶像とスピリチュアリティ
――臨床宗教師が問いかけるもの

島薗　進

●AI（人工知能）と仏教

――これからの僧侶像ということについてお話をうかがいたいと思います。まず、そのことを考える上でとても興味深い事例があるのでご紹介したいと思います。

二〇一五年に、一般市民対象の「未来メディア塾2015」というイベントが開催されたのですが、その中で、二〇年後もロボットにとって代わられることなく、人間の仕事として残りそうな職業を考える、という議論が行われたのです。そして、「看護や介護」という大方の予想を覆して、結論として挙げられたのが、何と〈お坊さん〉でした。その理由として挙げられたのが次の三つです。

お坊さんは合理性や効率の対極にいる存在である。地域や文化とも関わり、歴史的な価値を継承できる存在である。死と生に主体的に関わる存在である――。ここに、お坊さんに対する現代人の期待感やニーズが現れているのではないかと思いました。

島薗　今のお話。ＡＩ（人工知能）が発達した時にどうなるか、ということで、ずっと必要とされるのは〈お坊さん〉ということであったということですが、それはすごいなと思います。僧侶という〈人〉であるということが重要なポイントだと思います。ＡＩが合理的に考えて答えられるところはあると思いますが、何でも機械がやってくれるということになると、人は益々孤独になっていきます。機械に全部やってもらって自分のしたいことをする、というのでは、根本的に足りないものがあります。人間が人間であるゆえんが失われます。

死と生の大事な問題。それは人工知能にはできないことであり、人と人のつながりを結びつけることもできないと思います、そういうことができるのは僧侶であり、宗教なのだということが掘り起こされてきているのだと思います。

●なぜ、今、臨床宗教師なのか

――今回の震災後においても、死と生が大きく問われる状況があったからこそ、人々はお坊さんを必要とし、お坊さんという存在を再認識したのではないかと思います。そういう背景もあって臨床宗教師という新しい宗教者のかたちも誕生したように思います。そのことはこれからの僧侶像を考える上でとても重要ではないかと思うのですが。

島薗　私は二〇〇二年ぐらいから死生学に取り組んできているのですが、一九七〇年ごろから、イギリス、アメリカで始まったホスピス運動というものがあります。どういうものかというと、これまでのように、医療が科学技術によって肉体の故障を治すということだけでは足りないものがあるのではないか――とくに死にゆく人のケアですね――よりよく死を迎えていただくために医療は何もできないのではないか、ということに医療関係者が気づいたのです。そしてスピリチュアルケアというものが必要だということになっていきました。死への恐れ、死後の生に対する不安、生きる意味の問いなどに応じてケアする取り組みです。ホスピス運動はその代表格ということになります。

考えてみれば、死ぬ時ばかりではありません。あらゆる時にスピリチュアルなニーズはあります。そのことを看護師の人たちはとても理解してきていると思います。医師においても日野原重明先生、柏木哲夫先生などは熱心に取り組んでこられました。仏教関係においても、長岡西病院の実践がありますし、故田中雅博先生や沼口諭先生などもおられます。こうしてスピリチュアルケアへの関心が高まってきたわけですが、でも、やはり死に直面するとなると宗教者の出番なのではないか。祈ることができるし、死について語る言葉をもっている。そして儀礼を行うことができる――。

このことをはっきりおっしゃったのが、宮城県で終末期がん患者を中心に在宅緩和ケア医療の活動をされていた岡部健医師でした。この方は、早くから東北大学の人々や文系の人たちと組んで、看取りの活動にチャプレン（教会に属さず病院などの現場で勤務する聖職者）や宗教的なものがどう関われるのかについて模索していました。しかし、二〇一〇年にがんになられて二〇一二年に亡くなられたので、遺言みたいなものになってしまったのですが、最後に彼が語っていたのが、「誰にとってもスピリチュアリティ（注1）は課題であり、スピリチュアルケアは一般の人にもできるが、最期の場面はやはり宗教者の領域だ」ということでした。宗教者が培ってきた蓄積、資源というものがいかに重要であるか、再認識されたということだと思います。とくに東日本大震災に遭遇して岡部医師のその思いは決定的になったようです。

そのような岡部医師の考えや志が臨床宗教師の誕生へとつながっていったのです。

臨床宗教師とは、死期が迫った患者や遺族に対して専門的な心のケアを行う宗教者です。宗教や宗派に関係なく、布教や伝道をすることなく、公共的な立場からケアを行います。そのような宗教者を育成する仕組みが生まれたということです。

――画期的なことですね。被災地で一緒に活動したある若いお坊さんが、次のように語っていたことを思い起こします。

ある避難所に行った時、四〇代ぐらいの女性がいて、「お坊さん、こんなに苦しいの。何とかして。何か話をしてくれない？」と、助けを求めてきたそうです。聞いてみると、その女性は、〈津波から逃げる時、隣のおばあさんが寝たきりって知ってたのに、なんで連れてこなかったんだ。自分が殺したんだ〉という思いにすごく苛まれて、毎日毎日、苦しい思いをして、泣いて過ごしていたそうです。それに対して、自分は一緒になって泣くことしかできなかった、と、そのお坊さんは次のように言っていました。「こういう人たちがもう一度立ち上がれるようになる時、お坊さんという存在が必要なのだとすごく感じました。そして、こんな自分じゃだめなんだということを思い知りました。今まで、お坊さんとして生死を語ったり、葬儀を行ったりしてきましたが、いざ涙流している人の前に行った時、何もできないのです。本当に自分が嫌でした。もうお坊さんやめようと思った時期もありました」。その後、彼は思い直して、人々の苦しみや悲しみとともに生きる僧侶でありたいと願って、東北に残って漁師の仕事を手伝いつつ僧侶として生きています。

彼にとっては宗教者としての資質を鍛えられるような貴重な体験だったのではないかと思います。このような人にこそ臨床宗教師の研修が必要なのでないでしょうか。今までそのような鍛錬の機会はなかったわけで、この研修は生まれるべくして生まれたものではないかと感じます。

島薗　ただ、宗教に対する期待が高まっている一方で、もうこれまでの宗教には頼らないという風潮もありますね。現代社会は、合理的なもの、利益を生み出すもの、経済的な利益に合うもののみを求めている、という傾向もあります。葬祭も経済活動としてやる。葬儀も簡略化され、直葬などが行われるようになって、お坊さんの役割も小さくなっている。人々の死に直面する苦悩の中で、どうそれに対応するか、ということが新たに問い直されていると思います。難しくなってきています。

「西方極楽浄土に往生します」とか「阿弥陀仏にお任せしなさい」と言って納得される方もいます。でも「そうじゃないでしょう?」と心の中で思っている人が増えてきた現代、その人たちの悩みにどう応えるかというのは新しいチャレンジだと思うのです。すごく新しい課題に遭遇しているのだと思います。新しい教育や研究が必要となって、そこで東北大学において臨床宗教師の講座が生まれたのだと思います。上智大学では実践宗教学、龍谷大学では実践真宗学という枠の中で取り組んでいます。

つまり、伝統的な仏教の研究、教育、宗学の領域を超えるものが必要とされていて、新しいアプローチが必要になってきているのではないかと思います。それは日本だけのことではないと思います。世界的にスピリチュアリティ、スピリチュアルケアという言葉が広まっています。宗教こそその役割をもっているのだけれど、これまでの宗教の言葉、人材育成のあり方だけで

石巻港で震災犠牲者を追悼する臨床宗教師
（東北大学実践宗教学寄附講座提供）

は対応できなくなっています。新しい展開が必要になっている。そんなところから、色々な仏教系大学で臨床宗教師の講座を行うようになってきているというのが、この数年の動きなのだろうと思います。

●これまでの宗教の枠を超えて

――臨床宗教師として活躍している、あるお坊さんの話を聞いて感銘を受けたことがあります。臨床宗教師は余命いくばくもない人に寄り添ってケアをするわけですが、そうした体験を重ねることで、そのお坊さんは「人は死んで終わるわけではない。大いなるいのちに帰るのだ」という実感が強くなって、「葬儀や法事に臨む覚悟がまったく変わりました」と話していました。だとすると、これまでのように、お坊さんは人が亡くなってから関わるばかりではなく、亡くなる前から関わって、よりよい死を迎えていただくようにすべきなのではないかと思いました。死にゆく人にとっても、お坊さんにとってもプラスになるのではないでしょうか。それから、臨床宗教師は布教や伝道をするのではないということでしたね。それはどうしてなのですか。

島薗　相手を布教や伝道の対象と見るのではなく、何より、苦しみを抱えた一人の人間として、その人をその人として受けとめ、寄り添うことを大事にするというのが基本姿勢です。ただ、相手が求めてきたならば、教義的なことも伝え儀礼を行う、これが臨床宗教師の共通認識です。

なぜ、そのようにしているのかといえば、日本の場合、一般の人がどういう宗教的な観念をもっているか、色々ですね。仏教の基礎について、宗派の教えについて、知っている人もいれば、そうでもない人もいるという現実があります。しかし、自分なりに身近な人の死であるとか、子どもの問題とか、色々な経験を積んできているわけです。それに対して、自分たちの教義を説明して、これこそが答えだといっても、ぴったりきてもらえるとは限りません。むしろ、それぞれの探究に付き合っていくことが求められているのだと思います。自分なりに答えをもっていたとしても、その人にそのまま受け入れてもらえるとは限らないということです。自分の答えをもつとともに様々な答えへの柔軟な向き合い方を求められている。これがスピリチュアルケアであり、臨床宗教師だと思います。

ですから、従来の宗教活動から一歩踏み出していると思います。日本の場合、色々な信仰の人や無宗教の人が多い、ということでそのような取り組みになっていると思うのですが、世界においても同じ流れがあると思います。たとえば一九六〇年代の末にキューブラー＝ロスという人が登場して、とても注目されました。死を前にした人々の苦悩について、また死の受容や死後の世界への旅立ちについて先駆的な仕事をした人です。彼女はキリスト教徒とはいえません。最初はそういっていたけれども、最後は、そこからはみ出すような発言もしていました。そういう人の考察に学ぶところが多いということは、これまでの宗教という枠を超えて、人類文化の蓄積、資源というものと向き合いながら、新たな道を探っていくというところにきているのではないかと思います。

先ほどの岡部健医師は「お迎え現象」というものに着目しました。どういうものかというと、死を前にして、すでに亡くなっている両親や友人などが迎えに来た、という不思議な現象のことです。岡部さんはとても驚いて、社会学者などと協力して患者遺族にアンケートして調査しました。すると予想以上に多くの人が体験している、ということがわかりました。そういう経験が死に行く道を照らす力になりうる、ということで、医師もその経験から学ぶのです。そういう時代になってきているのだと思います。

――宗派によって違いはありますが、これまで日本仏教は霊魂や霊的なものに対して慎重、あるいは消極的だったと思います。先生もご著書（『日本仏教の社会倫理』）で指摘されていましたが、明治時代になって近代仏教学が入ってきて、その理論的な傾向にかなり影響された面もあるのもしれません。しかし、実際に現場で死と向き合ってきた人たちの中から、従来の宗教の枠組みを超えた新しい模索、展開が始まっているということでしょうか。

島薗　仏教は、元来、霊魂やアートマン（我）を認めません。個別の霊魂が死後に存在する、という考えは合わないのです。その面を強調しているのは浄土真宗と曹洞宗だと思います。

しかし、必ずしも縁起的に人の命を捉えていくことと「お迎え現象」というものが教義として合わないというものでもないと思います。死者との絆ということは縁起の教えからいっても十分に成り立つわけで、人々の経験の中での宗教性、スピリチュアリティというものと教義をうまく整合させていくということはできると思います。

ただ、西方極楽浄土は外側にあるのではなく人の心の中にあるのだ、という捉え方がありますす。近代化の中で真剣に道を求めてきた仏教者が築いてきた伝統のうちで、一つの強い立場です。とくに真宗大谷派がそうです。でも、それが人々の感じている経験との間に距離が生じてきているのであれば、そこを問い直したい。〈死ねばすべて終わり〉という見方の方が、人々の経験からいって、むしろ特殊なんだ、という捉え方もできるのではないかと思います。そういうことを仏教学なり、仏教の社会倫理という枠で考えるようなところに今きているのではないかと思います。

注

（1）スピリチュアリティ

英語のspiritualには、ふつう、日本語の「精神の」「霊的な」「魂の」「霊魂の」「神聖なものに関する」などが充てられる。spiritualityは「霊性」「精神性」ということになるのだが、日本の場合、ともすると、幽霊だとか、お化けだとか、オカルティックに捉えられてしまうので、それでは十分ではなく、現段階ではふさわしい訳語が見当たらないため、その言葉のもつ本質的な意味内容を大切にしようと、英語をそのまま用いる傾向がある。その背景には、この言葉を必ずしもこれまでの宗教という枠だけで捉えるのではなく、もっと広い視野で探究しようとする考えもあるようだ。

というわけで、スピリチュアリティ、スピリチュアルなどの西欧由来の言葉に、まだ共通した理解が確立されたというわけではなく、この数年、いくつかの解釈が提示され、「人の命、人が生きることの根源に関わるものである」との認識が共有されつつある。日本人や日本文化に置き換える模索途上にあるといえる。

ちなみに、人間が抱える痛みは、「身体的な苦痛」ばかりではなく、「精神的な苦痛」「社会的な苦痛」そして「スピリチュアルペイン（霊的な苦痛）」も含めてトータルに捉える必要があるといわれるようになってきた。それは、すでに一九九〇年代前半、「ＷＨＯ（世界保健機関）」の専門委員会の健康の定義の中で提言されたものである。従来の医療の世界では、人間の抱える苦痛として、身体的苦痛、心理的苦痛、社会的苦痛（問題）が意識

郵便はがき

料金受取人払郵便

神田局
承認

7451

差出有効期間
2021年7月
31日まで

切手を貼らずに
お出し下さい。

101-8796

537

【受　取　人】

東京都千代田区外神田6-9-5

株式会社 **明石書店** 読者通信係 行

お買い上げ、ありがとうございました。
今後の出版物の参考といたしたく、ご記入、ご投函いただければ幸いに存じます。

ふりがな お 名 前	年齢	性別

ご 住 所　〒　　　-

TEL　　　（　　　）　　　FAX　　　（　　　）

メールアドレス	ご職業（または学校名）

＊図書目録のご希望 □ある □ない	＊ジャンル別などのご案内（不定期）のご希望 □ある：ジャンル（　　　） □ない

書籍のタイトル

◆本書を何でお知りになりましたか？
□新聞・雑誌の広告…掲載紙誌名[　　　　　　　　]
□書評・紹介記事……掲載紙誌名[　　　　　　　　]
□店頭で　□知人のすすめ　□弊社からの案内　□弊社ホームページ
□ネット書店［　　　　　］　□その他[　　　　　]

◆本書についてのご意見・ご感想

■定　価	□安い（満足）	□ほどほど	□高い（不満）
■カバーデザイン	□良い	□ふつう	□悪い・ふさわしくない
■内　容	□良い	□ふつう	□期待はずれ

■その他お気づきの点、ご質問、ご感想など、ご自由にお書き下さい。

◆本書をお買い上げの書店
［　　　　市・区・町・村　　　　書店　　　　店］

◆今後どのような書籍をお望みですか？
今関心をお持ちのテーマ・人・ジャンル、また翻訳希望の本など、何でもお書き下さい。

◆ご購読紙　(1)朝日　(2)読売　(3)毎日　(4)日経　(5)その他[　　　　新聞]
◆定期ご購読の雑誌［　　　　　　　　］

ご協力ありがとうございました。

ご意見などを弊社ホームページなどでご紹介させていただくことがあります。　□諾　□否

◆ご 注 文 書◆　このハガキで弊社刊行物をご注文いただけます。
□ご指定の書店でお受取り……下欄に書店名と所在地域、わかれば電話番号をご記入下さい。
□代金引換郵便にてお受取り…送料+手数料として300円かかります(表記ご住所宛のみ)。

書名	冊
書名	冊

ご指定の書店・支店名	書店の所在地域　都・道 府・県　市・区 町・村
	書店の電話番号　(　　　)

されてきた。しかし、それだけでなく、スピリチュアルペインも重要な課題として、その三つと同列に位置づけようとする認識が生まれたということである。

スピリチュアルペインとは「私は何のために生きているのか、死んだらどうなってしまうのか」と、自らの存在を根底から問い直すような苦しみのことである。そのような苦しみを抱える人にいったい何ができるのかが今や重要なテーマとなっている。

二　僧侶にはコミュニケーション能力が必要

前田伸子

●臨床宗教師の育成事業

——總持寺と鶴見大学が連携して臨床宗教師育成事業に取り組んでおられるわけですが、他の大学で行っている研修と異なっているところがあるそうですね。

前田　臨床宗教師とは公共的施設で働く宗教者を指しており、その働きは、布教を目的とせず、宗教の違いを超えて、死期が迫った患者さんや遺族への心のケアを行うことにあります。臨床宗教師の育成という取り組みは、東北大学が一番最初に行ったもので、今では、色々な大学が行っています。武蔵野大学、上智大学、高野山大学、愛知学院大学、大正大学、龍谷大学などですね。

ただし總持寺と鶴見大学で行っている「終末期医療を支援する臨床宗教師等の育成事業」は、臨床宗教師の資格を与える、というものではなく、總持寺で修行しているお坊さんたちに、臨床宗教師研修の最初のステップである、コミュニケーションについて学んでもらおうと、そこに特化したものなんです。

二〇一六年（平成二八年）に「日本臨床宗教師会」が発足して、臨床宗教師というものの条件が整備されて世間からの期待感も高まってきています。この事業に臨床宗教師という名前を使っていいのだろうか、というためらいはありました。近い将来、臨床宗教師を育てる研修事業をやるのであれば、この名前を使っていただいてよろしいのではないですか、と関係の先生方に言っていただいたので、現在の形でやらせていただいています。

――この研修が発足したのは、どんな経緯からだったのですか。

前田　当時、鶴見大学の学長だった木村清孝先生が、總持寺と協働して、真に社会貢献できる事業に取り組みたい、と二〇〇九年（平成二一年）から、ずっと模索されていました。グリーフケアの研究会なども立ち上げていたのです。ちょうど同じ時期に、東日本大震災が起きて、宗教者が期待されていること、やらなければならないことがあるのではないだろうか、という気運が高まりました。そして臨床宗教師というものが誕生したことも知りました。

その後、二〇一三年（平成二五年）に、大学創立五〇周年、短期大学部創立六〇周年事業として、宗教学者、医療関係者、宗教者をシンポジストとしてお迎えして、公開シンポジウム「終末期における医療と宗教の協働化に向けて」を行いました。そこで活発な意見が交わされて、それが大きな後押しになったと思います。大本山總持寺と連携して、修行僧を対象としたこの事業、「終末期医療を支援する臨床宗教師等の育成事業」を始めることになったのです。

東北大学などの研修では、講義の他、傾聴実習、ロールプレイ、医療機関での実習なども行われるのですが、この育成事業は、コミュニケーションについて学んでいただくことに特化した形で、自己の理解を深めること、傾聴に求められる態度を身につけること。この二つに焦点を合わせています。

――臨床宗教師というものは、三・一一を大きなきっかけとして、現代人が必要としている要請に応えるためには、これまでの宗教者のあり方だけでは対応できないことがある、という反

前田伸子（まえだ・のぶこ）

1951年生まれ、大阪府出身。東京医科歯科大学歯学研究科修了、2019年3月まで鶴見大学副学長、同大学歯学部教授、歯学博士。口腔微生物学が専門。その後、同大学名誉教授。宗教と医療の接点についても熱心に探究し、總持寺と鶴見大学が連携して取り組んでいる「終末期医療を支援する臨床宗教師等の育成事業」の推進役をつとめた。著書に『やさしい口腔検査診断学』（永末書店、1995）、『細菌のことを知ってください』（永末書店、2006）、『口腔微生物学サイドリーダー（第4版）』（学建書院、2013）、『口腔微生物学（第6版）』（学健書院、2018）（いずれも共編著）など多数。2020年1月、逝去。

省から生まれたものでもあると聞いています。

その意味で、他大学の研修のあり方と異なっているとしても、時代の要請に応えようとするところから始まったわけで、この事業は先駆的なものではないかと私は受けとめております。

前田　ありがとうございます。

●僧侶にはコミュニケーション能力が必要

――じつは、私自身、東北大学で行っている臨床宗教師研修にオブザーバーとして参加したことがあるんです。グループワークでの対話の訓練や現場での実習などを体験して、本当に貴重な研修だと感じました。そして最後に、受講した感想を皆で語り合った時、ほとんどの参加者（宗教者）が語っていたのが、「自分を知ることがこんなに大切だと思っていませんでした」ということでした。そのことが今でも心に残っています。

前田　その参加者のお気持ちがわかるような気がします。コミュニケーションが大事だということは、そもそも私の実感としてあったのです。

もう三〇年ほど前になりますが、私自身がまだ鶴見大学の講師だったころの話になります。

学生に講義をする時、当時、学生が一五〇人近くいたので、一五〇対一で講義をするわけです。しかし、教えるうちに、一人が一人の学生に話をして通じ合っていないのであれば、人数が多くなれば、よけいに通じ合わないのではないかと思うようになり、自分には自分の思っていることを伝えられる能力があるのだろうか、と、とても不安に思ったのです。それで、上智大学のカウンセリング研究所に通って勉強することにしたのです。

当時は一年間の養成課程というものがあって、コミュニケーション能力を磨く様々な演習を体験しました。夏休みや春休みには、上智大学のセミナーハウスで、三泊四日、四泊五日のスクーリングがあって、同じグループの人たちとひたすらグループワークをする、ということを経験しました。受講者は、九五％が一般の方で、高校の教師が多かったと思います。あとは看護師さんや私のような大学の教員。その他の五％が宗教者の方でした。牧師さんと浄土宗のご住職もいらっしゃいましたね。

その時の体験を通して、私は、初めて、他人の話を聞くことがいかに難しいのか、ということに気づいたのです。他人の話を聞くにあたって、自分がどういう人間であるのか、ということを見つめなければならなくなります。そこで初めて「自分とは何なのか」ということを突き詰めて考えることになったのです。私自身、コミュニケーション能力を磨く中で、最初は、まさか自分のことを突き詰めて考えることに至るとは思っていませんでした。

こうして、一年間学んで、自分がどういう人間か、ということをしっかり認識していないと、他人の話なんて聞くことはできないのだ、ということがわかりました。

ですから、今、大菅さんがおっしゃったように、「自分を知ることが大切だということがわかりました」と言った参加者の皆さんの気持ちがよくわかるような気がします。

ただ、コミュニケーション能力といっても、カウンセリングができるぐらいの能力がなければ医療者にはなれないと思っています。それで、平成一七年から本学歯学部で〈医療人間科学〉という科目を立ち上げて、その中心に〈コミュニケーション能力を育てる〉ということを取り入れたわけなんです。

――そうでしたか。まず前田先生ご自身の体験、実感があって、鶴見大学におけるコミュニケーション能力を育てる取り組みへつながったということですね。

前田　そういう体験や下地があったので、その後、臨床宗教師というものが誕生した、ということを聞いて、パッと閃いたんです。医療者にコミュニケーション能力が必須だけれども、なおのこと宗教者にも必要ではないかと思いました。つまり医療者と宗教者は、最も人の心に深く触れていく仕事ですから。

話はそれるかもしれませんが、いわゆるプロフェッション（Profession）といわれるものがありますね。真のプロフェッションは法曹界の方々（つまり弁護士とか裁判官など）と宗教者と医療者の三つの職業のみを含んでいて、いずれも人の心に寄り添って、人の心に深く入っていく仕事で、とても重要だとされています。それだけに、きちんと教育しなければならないし、資格を与えなければならないわけです。

ですから、医療者と同じように宗教者にとってもコミュニケーション能力は大事だと思います。それで、私が学んできて、人と接する時に絶対これが大事だと思ったものを、もし修行僧の皆さんにも学んでいただけるなら、きっと違う可能性、違う光が見えてくるのではないかと思ったのです。そのことを当時の学長の木村清孝先生に相談したら、とてもご理解くださって、話が進んで、總持寺にもご理解いただき、この事業が始まることになったのです。

●研修をどのように実施しているのか

――そうだったのですね。では、実際に總持寺の修行僧を対象とした臨床宗教師研修がどのように行われているのか、聞かせていただけますか。

前田　昨年までは、まず新到さん（新しく専門道場で修行を始めた雲水）全員にオリエンテーショ

總持寺修行僧の臨床宗教師研修

ンを行っていました。その時に伝えていたことは、コミュニケーションを上手にとれるようになるための演習中心の研修であること。臨床宗教師にはすぐなれないけれども、自坊に戻って、色々な人の話を聞く時に役に立つ、ということ。しっかり話を聞く傾聴の重要性、相手を受け入れる受容の重要性。そのようなことを伝えていました。こうして全員にオリエンテーションを行って、そこからは希望者に受講してもらいました。

その年によって新到さんの数は違いますが、平均して二五人ぐらいが受講していますね。四月から一二月まで、多い時で月に三回、だいたい月に二回行います。

今年からは、最初に一度、全員に講義を受けていただいた後、演習をすることになりました。まず講義をして、その後、五人か六人のグループに分かれてもらって、「今の講義でどう思いましたか」という話し合いをしてもらいました。スーパーバイザーが一人ずつグループに付き添って、二回行いました。

その上で、「続けてやりませんか」と希望をとったのですが、今年は一八人が受講したいと申し出てくれました。この九月からは、昨年と同じように、月に二回ぐらいのペースで行いたいと思っています。

テーマは「自己紹介」や「棚行での体験」「修行が進んで感じていること」など、様々です。話し手の話を聞いて、どういう話だったか、その時の感情の流れがどうだったのか、話した人は本当にそういうことを言っていたのかを検証する。そのような研修を繰り返し行います。

●研修の成果について

――受講された新到さんたちの反応、感想などはいかがですか。

前田　これまで四回（四年間）やってきましたが、毎回、雰囲気が違います。とても積極的な雰囲気の時もあれば、淡々と取り組んでいる時もあります。しかし、一ついえることは、どの回の受講者（修行僧）の中にも、必ず数名は、その後、自発的に深く学んで、それを活かして自分で何か始めよう、自坊に戻って何かの活動をやってみようと思われる方がいることです。

その後、上智大学の講座で学んだ人もいるということを聞きました。

修行僧といっても、若者ですから、悩んだり苦しんだり、様々なことがあるのだと思います。でも、高校を卒業してすぐの学生とは違い、修行している方はやはり違うなと感じます。ちなみに、演習後の感想について、このように書いてくれています。いくつか紹介します。

「自分が何気なく言ったことを、相手は印象深く感じていたり、他人によってものの見方が違うことを改めて感じた」

「話し合ったり、時間がたつとともに自分の意見が変わっていくことに気がついた。……話し合っていくうちに誰かの意見に引き寄せられたり、影響を受けて変わっていくところもとても興味深かった」

「普段、いかに自分が会話ごっこをしているか、つくづく感じた。今まで何となく会話をしてわかり合えた気になっていたのだと、わかったし、わかろうとする気持ちはあってもとても難しいものだということに気づいてきた」

「話したい、聞きたいという気持ちがあれば、だんだんと理解していくことは、難しいことではないように思います」

コミュニケーションの難しさや奥深さといったものを感じ始めていると思います。

こうして見ると、やはり修行というのは貴重なものだと思います。整えられた環境の中で心身が整ってくる、と言えばいいのでしょうか。一般の若者と違うものを感じます。だから、なおのこと、一般の若者と違う何かが自分の中にしっかり根をおろして芽生え、りっぱな宗教者になってくださったらありがたいと思います。そのためのお手伝いになればと願っています。さらによい研修になるように、研修の回数とか、集中して学べる機会を作ることなどについて、いつも考えています。

今後の課題になると思いますが、今年で五年目を迎えて、一旦、これまでを振り返る時期がきたのかな、と思っています。この研修を経験して、自坊に戻られた僧侶の皆さんにアンケートをさせていただいて、あの時学んだことはどうであったか、というお話をうかがって、今までやってきたことを一度、全部まとめて形にしたいと思っています。やりっ放しにしておくというのはよくありませんので。

――修行僧の皆さんは、それぞれ地域に戻って、檀家さんや在家の皆さんの相談に乗って差し上げたりするわけで、コミュニケーション能力はとても大事になるのだと思います。このような研修は、他宗派を含めて、他ではやっていないのではないでしょうか。

前田　一昨年、仏教心理学会でこの事業のことを発表した時も、会場におられた僧侶の方が、「修行しているお坊さんたちにコミュニケーションを教えているところなどどこにもありません。やっていることに意味があると思います」と言ってくださったので、とても嬉しく思いました。

ゆくゆくは、やはり東北大学や他の大学でやっているような形の研修のようにできればいいなと思っています。コミュニケーション能力ということだけではなく、必要とされる他の研修も踏まえた上で、臨床宗教師の資格を与えられるような研修にする、ということですね。臨床宗教師は医療機関との連携も必要なので、病院に出かけるためには、医療の最低限のことも知ってもらわなければなりません。その点、本学には歯学部がありますので、初歩的なことは学んでいただくことができます。それに仏教文化研究所があるので、仏教的な素養として生死ということについて学んでいただくことができます。それから、実習を受け入れてくれる医療現場ですね。それが見つかれば実現できるのではないかと思っています。そこまで行くにはなかなか難しい部分もありますが、最終的には、そこまで実現できればと思っています。

——臨床宗教師として活動しているあるお坊さんから聞いたのですが、臨床宗教師のニーズは高いものがあるようです。とくに医療関係者、福祉、介護関係者など、日常において、人の生死に向き合っている方々から、「宗教者にこういう関わり方をしてもらえたら、亡くなる人も、周りの人も、豊かな最期を迎えられるのではないでしょうか」という声をいただいているそうです。

前田　キリスト教ではチャプレン（教会に属さず病院などの現場で勤務する聖職者）という形で神父さんや牧師さんたちが病院などで活動するということが、ごく自然に行われているようです。仏教では台湾がそうらしいですね。とくに多くの女性の仏教者が、チャプレンと同じような働きをされているそうです。病院の中に仏壇があって、いつでも患者さんとか、患者さんの家族に寄り添う。そういうことがごく自然に行われているそうです。そういうことを聞くと、日本でもやれないわけがないように思えます。

ただ、日本ではお坊さんの姿を見るとお葬式というイメージがあって、抵抗があるのかもしれません。でも、臨床宗教師という仕事が徐々に広まって確立していけば、そういう形で医療の現場に出かけて行って、医療者とご一緒に様々なサポートができるようになるのではないでしょうか。とくに終末期は、命を助けるだけではなくて、体だけではなくて、心の安らぎも必要とされてくると思うので、そういう現場で、医療者と仏教者が連携できるということは重要だと思います。

――そのような時が早く来るといいですね。

〈視点〉人間は死んで終わりではない――岡部医師の願い　［大菅俊幸］

二〇一六年二月二八日、「日本臨床宗教師会」が設立された。それを記念するシンポジウムが京都の龍谷大学で行われ、冒頭の基調講演において高木慶子氏（上智大学グリーフケア研究所特任所長）は次のように語った。

「日本臨床宗教師会」の設立は、日本における宗教革新のチャンスです。今までの宗教者は、各自の宗教にこだわってきたのではないでしょうか。これからは、他の宗教を尊敬し、協働する宗教のあり方こそが求められているのではないでしょうか。この設立は、人を呼び集める「求心的」な活動ではなく、宗教者の方から出向いていく「遠心的」な活動をする、という宣言なのです。宗教者一人一人の質を高め、宗教への信頼を取り戻すのが「日本臨床宗教師会」設立の意味ではないでしょうか。

こうして日本における宗教革新のチャンスとまで言わしめた臨床宗教師は、岡部健という一人の医師がいなければ誕生することはなかった。

岡部氏（一九五〇〜二〇一二）は、仙台出身の医師であり、東北大学の医学部を卒業後、静岡の病院、東北大学、がんセンターなどで勤務し、肺がんのスペシャリストとなった。しかし、病院の限界を感じてもいた。治らないと診断された患者さんを専門に看ようとする医者がいるわけではなく、末期がんの多くの患者さんは自宅で治療を受けたいと思っている。「そうだ、自分は在宅ケアをやろう、末期がんの方々を死ぬまでお世話しよう」。岡部医師は思い切って決断した。病院を辞して、名取市に岡部医院を立ち上げ、在宅緩和ケアを始めることにしたのだ。

その後、在宅緩和ケアに取り組むようになって気づいたことがあった。「お迎え」の体験者が少なくないことである。「お迎え」とは、死に臨んで、すでに亡くなっている人や、通常見ることのできない事物を見る体験のことであるが、この体験をした患者がほぼ例外なく穏やかな最期を迎えることに着目し、岡部医師は二〇〇二年から三度にわたって、遺族を対象に調査した。その結果、ほぼ四〇パーセントの人が「そういうことがあった」と答えたという。その成果を論文にまとめて発表もしているが、これは日本だけではなく、海外にもある現象だという。

このようなことを紹介すると、いかがわしい、と見る向きもあるかもしれないが、岡部医師はこのように考えていた。〈あの世があるかないかの議論ではないのです。苦しい思いをしている人の心を安心に変えるのが大事なのです。あの世につながるのだと思って安心して逝けるなら、本人にとっても家族にとってもそれでいいのではないでしょうか〉。

その後、岡部医師自身は、がんを発症し、末期の胃がんであることがわかった。自分ががんになり、ケアされる側になってわかったことがあった。それは「〈死への道しるべ〉というものがない」ということであった。それがないために患者さんたちがいかに苦しかったであろうかと今にして思われた。

今まで歴史上、そういうものがなかったわけではない。かつては、その道しるべの役割を果たしていたのが宗教である。「しかし、死んだ後どうなるのかなど、医者にはどうにも対応できないことである。そういう宗教者が必要だ。西洋にはチャプレンというものがあるが、どうして日本にはそういう存在がいないのだろうか」。そう考えて岡部医師は新しい宗教者像の模索を始めた。チャプレンとは、病院などで心のケアを行うキリスト教の聖職者のことであるが、医療だけではなく、福祉、教育、軍隊、警察、消防、刑務所、企業など幅広い分野に関わっている。

その後、東日本大震災が発生。それが岡部医師の背中を強く押すこととなった。こんなことがあった。岡部医師の部下にあたる訪問看護師が看護のため老夫婦のお宅を訪ねていた時、津波に巻き込まれて亡くなってしまったのだ。老夫婦を助けた後のことであった。その後、岡部医師が現場に立った時、心から強い思いが突き上げてきた。「彼女（看護師）は逃げることもできたのに逃げなかった。それは個としてのいのちではなく、もっと大きな人間の群れとしての命を守ろうとする行動だったんじゃないか。彼女は亡くなったのではない。大いなるいのちに帰っていったんだ」。身体を稲妻が通り抜ける感覚だったという。

被災地では幽霊を見たという人が二、三割いるといわれる。しかし、「おかしくなってしまった」と言われかねないから他人に言おうとしない。それでも不安でこわいから僧侶に相談している。「やはり、チャプレンのような存在が必要だ」。益々その思いを強くした岡部医師は「心の相談室」を立ち上げ、研究者や宗教者とともに本格的に検討を始めた。そして、日本の風土、宗教的土壌に適合した日本版チャプレンとしての「臨床宗教師」養成の構想を練り上げ、二〇一二年、東北大学で実践寄附講座という形で具体的な一歩を踏み出したのだ。

しかし、岡部医師は、その実現を待たずに、二〇一二年、病いによって旅立つこととなった。

六二年と六ヵ月の人生であった（以上、多くを奥野修司著『看取り先生の遺言』文藝春秋に拠っている）。

臨床宗教師の誕生というまさに畢生の仕事を成し遂げた岡部医師。命がけで伝えたかったことの核心は、先ほどの次の考えにあるように思われる。〈あの世があるかないかの議論ではないのです。苦しい思いをしている人の心を安心に変えるのが大事なのです。あの世につながるのだと思って安心して逝けるなら、本人にとっても家族にとってもそれでいいのではないでしょうか〉。

臨床心理学者であった河合隼雄氏も、臨死体験をした人がその体験を契機に、他に対して愛情深くなるなど、生き方に変化が生じることを重視して次のように述べている。

死後の生命があるかないかなどと議論するよりも、それについてのイメージを創り出すことによって、われわれの人生は豊かになり、より全体的な姿をとることになるのである。死後の生命という視座から現世の生を照らし出すことによって、より意義のある生の把握が可能となるのである。

ライフサイクルは死をもって終りとなるのであるが、そのサイクルを死を超えて拡張してみることで、より完全な姿で、ライフサイクルを見ることができるし、むしろ逆に、ライフサイクルの有限性をはっきりと認識し、受け容れることができるのかもしれない。

（河合隼雄著『生と死の接点』岩波書店より）

たとえ仮説としてでも、死後も生き続ける存在として人間を捉えた方がいいのではないだろうか。

第四章

時代に呼応する仏教者——これからの僧侶とは②

一　次世代教化システムの構築へ

川又俊則

●僧侶も信徒も共に学ぶ

――時代の要請に応える仏教者が求められていると思うのですが、これからの僧侶像、仏教者像についてどうお考えですか。

川又　たとえば、私はキリスト教の教会の調査も行っているのですが、牧師さんが教会に来られない時でも、信徒が交替で聖書について語り、祈りの場を守り続けている教会があるのです。二一世紀の現在、仏教においてははたしてそういうことができる檀信徒がどれぐらいいるでしょうか。

戦後七〇年、一般家庭では宗教に触れる機会もほとんどなくなり、学校教育でも宗教についてはノータッチです。そのような教育を受けた世代が圧倒的多数になってきて、自覚的な信仰意識の薄い檀信徒になっていくわけですから、信仰熱心な方々がいる一方で、そういう若い世代がこれからどうなっていくのか、懸念されるところです。

――熱心な檀信徒、宗旨を学びたいという意欲をもった檀信徒をいかに育むのか。そのことも今後の大切なテーマではないかということですね。

川又　はい。信仰に触れたい、信仰を深めたい、という人のために、宗教者がどのように手を差し伸べ、何ができるか、ということは、宗派の学校や宗門の機関内だけでは見えてこないのではないでしょうか。一般社会ではどういう人がいて、どのような事情があるかは、実際の現場で学ぶことではないかと思います。

じつは現在、科学研究費助成事業の一つとして、私は三名の先生方と一緒に「伝統宗教の『次世代教化システム』の継承と創造による地域の活性化」という研究に取り組んでいるところです。この研究を行う背景を少しお話しします。

学校の教員になる場合、大学四年間で必要な教職課程の単位を履修した学生が、卒業時に教員免許状を取得できるわけですが、それで終わりではありません。教員は免許取得が出発点であり、教育現場に行ってから本格的な学びが始まるわけです。

新卒の人たちは教員の免許はあっても、体験的な知識がほとんどない状態のまま、児童や生徒たちに真剣勝負で向き合わなければなりません。ですから、教員の世界では、現職研修を徹底して行うのです。一年間に十数回の研修を行い、ベテラン教師が新人教師を育て上げます。さらに、その後も、六年次研修、一一年次研修などを受け、同時に一〇年ごとに教員免許状更新制度があります。各地の教育委員会主催の様々な研修、校内研修なども毎年最新の情報をもとに行われています。激動の時代ですから、教育環境も絶えず変化し、多様なタイプの子どもや不登校・いじめなどの教育課題に向き合い続けなければなりません。常に新たなことを学ぶため、教員の研修のあり方は、常に問い直されていると言ってもよいでしょう。

他方、宗教者はどうでしょうか。当然、宗教者になるまでは一定の修行や学びを行い、現職研修も行われているでしょう。しかし、現場に入りたての若手僧侶に対する徹底した研修や、その後の更新制度などあるかどうか、また、時代の変化に対応した研修制度の整備が進んでいるかどうか、という部分についてはいかがでしょうか。個々人の自覚に任せるだけでは、資質を疑われるような宗教者が現れる可能性がなきにしもあらずではないかと思います。

ですから、若手の宗教者の方々の鍛錬、ベテラン宗教者のさらなる錬磨、そして、その周りにいる信者さんたちも一緒に学び合うあり方。つまり、宗教者の養成とともに檀家さんの後継者、信者さんの後継者の育成をも含めた「次世代教化システム」というものを考え、提案させていただきたいと思っているのです。

――なるほど。僧侶も檀信徒もさらに磨き上げられて、僧俗一体となって仏法を継承していく、というしっかりした流れができれば素晴らしいことだと思います。

●若い僧侶たちの可能性

川又 この「次世代教化システム」として、私が大きな可能性を感じる若い僧侶たちの活動があります。その三つをご紹介します。どれも、次世代を担う立場の僧侶たちが、現状を見据えて、様々な形で現職研修を実践している事例です。

まず曹洞宗の例ですが、三重県曹洞宗青年会の皆さんは、一泊二日の「緑陰禅の会」を五二年間、継続しておられます。三重県各地から二〇代から四〇代の方々が集まって、違う宗派の方々も一緒になって、災害ボランティアなどにも丁寧に取り組んでいます。こうした曹洞宗青年会というのは三重県だけでなく各地にあるわけで、こういう形で現職の若手を育てていくことは素晴らしいことだと思っています。

それから、天台真盛宗の福井教区では、二〇〇四年に「蒐修会(しゅうしゅうかい)」という会が、三〇人ぐらいのメンバーで結成されました。福井教区内では、地域で法要の仕方や用いる経典などが異なり、随喜や用僧などに呼ばれて、自分の地域のやり方と違ったりすると混乱してしまいます。

そこで、みんなで集まって勉強し合いました。布教師をめざした研修会を開いたり、研鑽を積むためにみんなで教区の法要に携わるなど、様々な活動に取り組んでいます。

さらにもう一つ、やはり三重県なのですが、「亀山若手僧侶の会SANGA」という会があります。天台真盛宗、浄土真宗、臨済宗などの九人の僧侶が集まって、超宗派で活動している組織です。元々、地元の亀山市の仏教会が超宗派でお互いに意見が言えるような仲のよい関係にあるのですが、その若手世代が、今度は自分たちで独自に活動しようとスタートしたのです。依頼に応じた法話も随時行い、二〇一六年以降、定例的な研修会を開催しています。この(二〇一八年)秋には、社会福祉活動に関係したドキュメンタリー映画を招聘して、上映前にはメンバーによる法話も映画館で実施しました。こういう取り組みをフェイスブックなどを使って発信もしています。

こうして檀家さん以外の方々に対する取り組みが増えてきた、というのがこの一年半の調査研究を通して感じていることでもあります。

このように見てくると、様々な工夫をしている僧侶やお寺の事例はたくさんあるのだと思います。この研究を通じて、それらを皆さんにお知らせしようと思います。意欲のある方が数人でも動き始めると、その周辺にいる関心のある方々も次々に動き始めるようです。このような成功例を見ると、次世代を担う可能性をもった人々が、他にもたくさんいるのだろうと思われます。

――たしかに、これまでどおりの視野とか発想にとどまるのではなく、もっと関心を広げていく必要がありますね。

二　僧侶の役割を現代社会から捉え直す

島薗　進

●教義と現実をつなぐ

――さて、前節で川又先生が指摘されたように、新しい取り組みに挑戦する僧侶たちが出てきていますが、その一方で、「支援活動、ボランティア活動などにのめり込むばかりでいいのか、教義、教理はどこにいったのだ」という意見もある、と聞いたことがあります。でも、現場に出かけ、苦悩を抱えた人たちと接する体験から、教義や信仰というものが深まり、自分の血肉になっていくのではないかと思います。決して教義の探究と苦の現場での行動は別ではないと思うのですが、いかがでしょうか。

島薗　今おっしゃったように、現場での体験を通して教養や信仰の深まりを得られたという実感をもつ若い僧侶の皆さんは、相当増えているように感じます。それに、私は仏教学のあり方も変わってほしいと思っています。そして大学も変わってほしい。たしかに、経典の中にある本来の教えとされているものと、現実の中で機能する宗教的なものとの間が遠くなっています。それをつなぐような研究や活動に研究者も取り組まなければならないと思います。

——これからの僧侶の育成のあり方についてはどうお考えでしょうか。

島薗　現場に出かけて体験するような、実習的な面もとても重要だと思いますが、歴史や社会の現実に照らして、仏教や宗派の教えを相対化してみることも必要なのではないでしょうか。もちろん、禅学、宗学、仏教学というのが基盤だと思いますが、宗教学や歴史学などにおいて、仏教の素養をおもちになった学者が切り拓いたものはとても大きいと思うのです。すぐにお名前を思いつくだけでも、圭室諦成（たまむろたいじょう）先生、竹田聴州（たけだちょうしゅう）先生、池田英俊（いけだえいしゅん）先生、圭室文雄（たまむろふみお）先生などがいらっしゃいます。

かつては、仏教系の大学に、他の分野で活躍している仏教界出身の方、僧侶の方がたくさんおられたのですから、そのことを参考にしてもっと他分野の方々と交流してはどうでしょうか。他方で、社会福祉とか臨床心理などの専門家が宗教についてあまり知らないという現実も何とかしなければならないと思います。しかし、宗教系の大学あたりから変わりつつあるようにも感じています。たとえば上智大学では実践宗教学研究科死生学専攻を開設していますし、東北大学でも死生学・実践宗教学研究室ということで臨床宗教師の養成を中心に展開しています。ですから色々な形で仏教の学術的な枠を広げていったらいいのではないかと思います。

——第三章では、總持寺と鶴見大学の連携について、前田伸子先生にお話をうかがいました。つまり修行僧に、臨床宗教師の研修のうち、コミュニケーション能力の育成のみを行う、という取り組みですね。それについてはどのように受けとめていますか。

島薗　とても意義があると思っています。愛知学院大学や大正大学にも臨床宗教師養成コースがあるので、そこでも私は講義をもっているのですが、臨床宗教師の研修では医療機関での実習があります。これによって自分にできることがある、ということに気づいてもらうことがとても大きいと思っています。それから、実習で指導してくれるのは医療機関なわけですが、そ

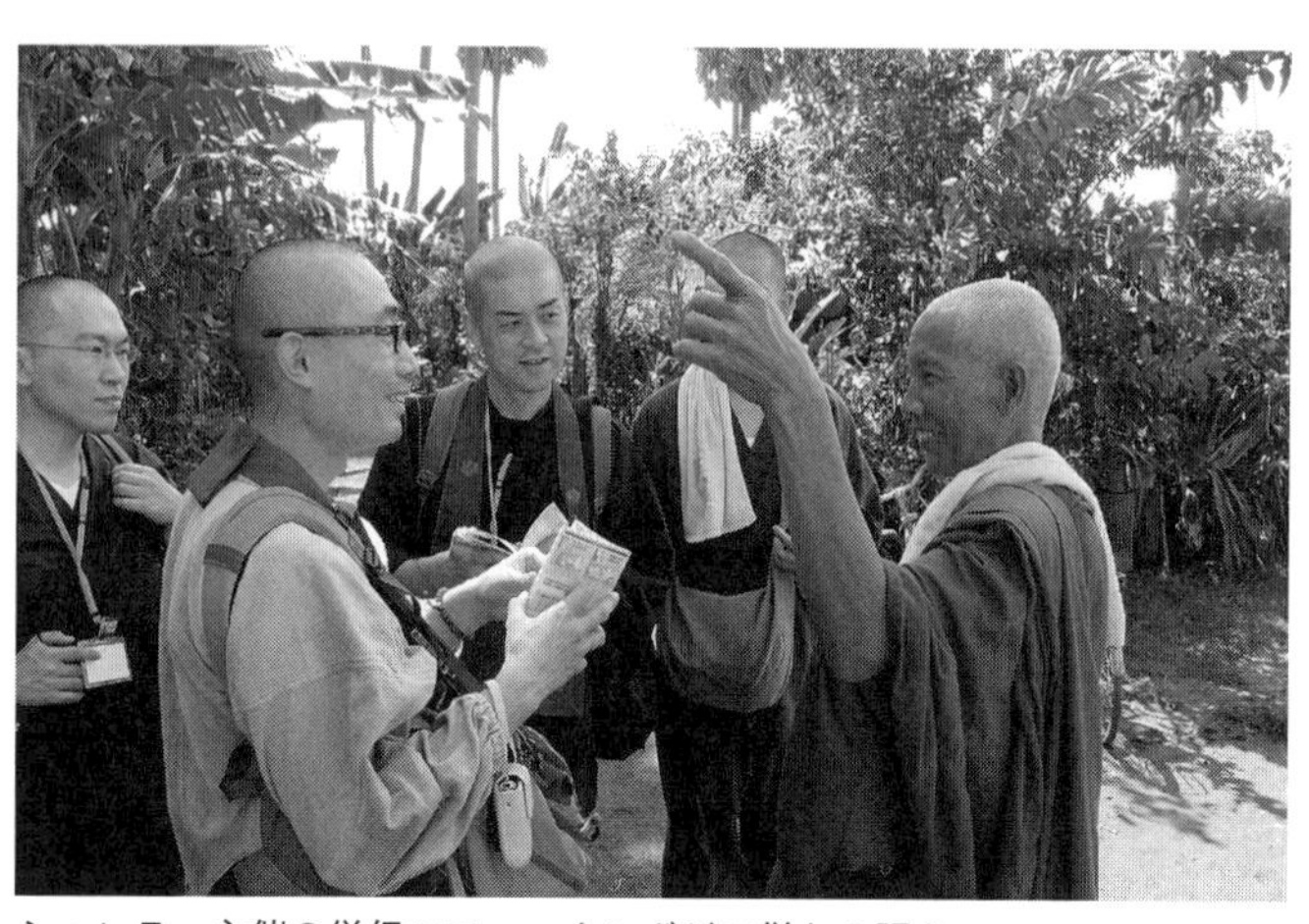

シャンティ主催の僧侶ツアー、カンボジア僧との語らい

この人たちがとても仏教に期待している、ということを肌で感じることができます。それから、宗教と社会の関係がどのように変わってきているのか、そして宗教者の役割のあり方がどのように変わってきているのか、についても知ることができます。

たしかに總持寺と鶴見大学の取り組みは、臨床宗教師研修の全般にわたってではなく、コミュニケーション能力育成のみの実施ですが、それにしても、今までの僧侶の育成において行われていなかったもので、しかもコミュニケーション能力は現代の宗教者にとても必要とされているものですから、とても貴重な取り組みであると思います。

――私どもシャンティの東京事務所では、現在、二人の若い曹洞宗の僧侶がスタッフとして活動しているのですが、他の若い僧侶の皆さんにもそのような体験をしていただきたいと思っています。たとえば本山での修行などののち、シャンティのスタッフとして、海外や国内の現場で様々な体験を積んでいただくことも、より幅広い僧侶になっていただく上で有益ではないかと思います。それとは別に僧侶ツアーも企画しています。そちらに参加するのもいい体験になると思います。

島薗　なるほど、そういう道もあるわけですね。

これまで、社会的に活動して頑張っている僧侶の中には、「周りから『あなたのお寺は大きなお寺だからできるのだ』と言われることもあった」とおっしゃる方もいました。しかし、小さなお寺で色々な活動ができる例も出てきましたし、行茶活動(注1)のように、お寺どうしの横の連携によってできることがあることもかなり知られるようになってきました。

そういう動きを教団が支援することが個々の寺院の底力の向上につながるのだと思うのです。お寺の基盤を作るためには、少し長い目で見て、お寺どうしの横のつながりや災害支援などをバックアップすることが力になるのだと思います。個々のお寺で頑張っているところはたくさんあるのですが、横の連携となると弱いのではないかと思います。個々の地域、個々のお寺の独立性は尊重しつつ、教団はそれを少なくとも妨げないで助けてゆく。そして、そのような地域やお寺の情報を共有して教団全体の未来像を作ってゆく。そういうことが必要ではないかと思います。それが日本の仏教界の大きな課題ではないかと思っています。

●宗派、宗教を超えて人々に寄り添う

島薗　話は変わるのですが、一般の方にとっては、そのお寺がどの宗派なのかは、あまり関係ないのだと思います。中には仏教に詳しい人もいて、伝統なのだから何々宗でなければならない、という人もいると思いますが、ほとんどの人は、どの宗派でもかまわない、と思っているんじゃないでしょうか。

地域によっては宗派を超えて月参りを行っているところもあると聞いたことがあります。葬儀や法事はそれぞれの宗派のお寺で行うものですが、地域社会のニーズや、苦の現場に沿った仏教の展開ということを考えると、宗派を超えてもっと積極的に協働してもいいのではないかと思います。

ところで、太田宏人さんという方をご存知ですか。

――お坊さんでライターをなさっていた方ですか。

島薗　はい。南米のペルーで日系人向けの『ペルー新報』日本語版の編集長をされていた方です。元々在家の方でずっとライターの仕事をされていたようですが、二〇一二年に曹洞宗の僧侶となって、僧侶としての自らの活動や問題意識をライターとして発信するようになったようです。

僧侶としては異色の存在だったのではないかと思います。ご自身の寺をもつことはなく、東日本大震災の被災地に入って死者を鎮魂し、被災者に寄り添って、熊本地震の避難所にもいち早く入ったり、新潟では終末期医療の現場で活動していました。残念ながら昨年（二〇一八年）、四八歳で亡くなられたのですが、あちらこちらで皆さんから信頼されていたようです。

大阪大学教授の稲場圭信先生（宗教者災害支援連絡会世話人）から聞いたのですが、熊本の避難所で太田さんに出会った時、太田さんは、かなり汚れている仮設トイレを手作業で掃除をしていたそうです。仮設トイレがきれいであれば利用する人の心と体の負担が軽減されるから、という考えで。稲場先生は、「避難所で『トイレの仏様』に出会った」と話していました。そういう活動を個人としてあちらこちらでなさった方です。

――色々なところで種を蒔いた、という感じですね。

島薗　過日行われた国際宗教研究所のシンポジウムでも、神奈川県の弥生神社で独自の活動をなさっている池田奈津江さんという神職の方が太田さんのことを話しておられました。災害支援活動を仏教の僧侶の皆さんと一緒に行うことで、神職としての自分の役割が初めて見えたそうです。池田さんは写経に代わるものとして、お祓い言葉を書き写すとか、お守りを一緒に作るとか、色々な活動に取り組んでいるのですが、太田さんから受けた影響が大きいと話しておられました。

ですから、宗派、宗教を超えて連携する、ということが全然不自然ではない状況になっているのだと思います。僧侶の中には、他にも太田さんのような方がいらっしゃるのではないでしょうか。

——日本には、四〇〇年以上も昔に、半僧半俗の「遁世僧」「聖（ひじり）」と呼ばれた僧侶たちがいましたね。大きなお寺に入ることなく、各地に出かけて人々に寄り添った仏教者です。太田さんは現代の〈聖〉であろうとしたようにも見えます。

島薗　一五世紀から一七世紀にかけて、全国にお寺がたくさんできた時には、そういう人たちがたくさんいたと思うんです。つまり、地域社会を廻って、困った人がいると助けて、お経をあげて一緒にお参りしたりする。そこから檀信徒が生まれる。そして、そういう僧侶たちのために地域の人たちがお堂を作る。そういう時代に立ち戻って考えてみるのもいいのではないでしょうか。お寺の外に出て、人々の苦の現実に近づいていく。そのことがお寺の活動を深め、活性化につながっていくと思うのです。

――今、お話をうかがって、改めて、当会、シャンティを立ち上げた故有馬実成（じつじょう）（山口県周南市・曹洞宗原江寺前住職、シャンティ初代専務理事）のことを思い起こしました。かつて有馬は自己紹介をする時、よくこんなふうに言っていました。「私は住職なので、寺にいなければならないのですが、いつも外を飛び回っているので〈とび職〉なんです」。こう言って笑わせていました。

お寺の仕事もこなしつつ、必要とあらば、全国どこにでも、アジアにも出かけていましたからね。言い得て妙な気がします。もちろん、お坊さんにとってしっかりお寺を守ることが大切ですが、各地に出かけ、飛び回って、人々に寄り添う、そんな〈とび職〉的なお坊さんが、もっと必要な気がします。

注

（1）一緒にお茶を飲みながら話を聴くことで、ストレスを抱えている被災者などに心安まる時を過ごしていただく活動。

〈視点〉社会課題に向き合う僧侶たち　［大菅俊幸］

異色の僧侶、太田宏人師のことが話題に出たが、これまでの枠組みを超えて新しい試みに取り組んでいる僧侶はたくさんいる。筆者とご縁のある方々の中から、数人を紹介したい。

「みんなのお寺」と橋本純信師

東京神田神保町のビルの二階に「みんなのお寺」という小さなお寺がある。奈良市にある古刹、十輪院（真言宗）が二〇一四年に開設したもので、奈良市の商店街に開設した「みんなのお寺」に続いて第二弾ということになる。

橋本純信（じゅんしん）住職が本寺の他にこの小さなお寺を開設しようとしたのは、お寺の存続への危機感からであった。現在のお寺を支えてくれているのは七〇歳から八〇歳の人たち。でも二〇年たったらこの人たちも亡くなる。お寺の存続は難しくなる。檀家さんはもちろん大事だが、檀家さん以外の人たちも大事にしなければ人々はお寺や仏教から離れていく。いや、人々が必要としていることに対応するお寺でなければならない。葬式や法事だけではなく、共に人生を考えたり、悩みごとの相談に応えたり、地域のために活動したりする場がお寺ではないか。お坊さんと一般の方々がもっと話せる場が必要だ。待っていてはいけない。こちらから出向いてお寺を開こう――。そう決意して、二〇〇六年四月、奈良市の商店街のテナントビルの二階に一室を借りて、「みんなのお寺」を開設した。仏像も祀り、写経や瞑想ができるスペースも用意し、僧侶とお話ができるように相談コーナーも設けた。

それから八年、今度は東京での開設を決断した。しばしば東京の法話会などに招かれているうちに、東京には仏教に関心をもっている人が多いのに、どうも敷居が高い。東京にこそ誰でも気軽に立ち寄れるお寺が必要ではないかと思ったからであった。

そして二〇一四年六月、悩める都会人の心を癒す場所として、神保町に「みんなのお寺」を開設した。当初、訪問者はゼロ。半年後には一日二、三人は来るようになり、年間でのべ七〇〇人が訪れるようになった。仏事相談もあるが半分以上は人生相談だという。「ともかく、皆さん色々と大変な人生を歩んでおられます。それが何より勉強になりますし、次の相談のヒントにもなります。でも、何人来ていただいても赤字なんです。損得抜きでないとできません」。

橋本住職の挑戦は続く。

難病と闘う親子とともに――山田智之師

一方で、お寺の立地条件を活かした社会貢献に取り組んでいる僧侶もいる。東京港区三田・魚籃寺（浄土宗）の住職・山田智之師もその一人である。

魚籃寺の山門を入ると、境内の一画に小さな二階建ての建物がある。「おさかなの家」という認定NPO法人が運営しており、オーナーとして利用者を支えているのが、山田住職である。

家族にとって、子どもが重い病気にかかるというのは大事件である。まして、先端治療のため、地方から東京に出て来なければならないとしたら、家族の不安は増すばかり。大部分の病院は完全看護なので、たとえ幼児でも親が病院に泊まることはできない。親は、知らない土地で病院に通える住まいを見つけなければならない。その精神的、経済的負担は大変なものがある。そんな子どもたちと家族を支えるのがファミリーハウスである。「おさかなの家」を含め、現在、都内に一二の施設がある。

魚籃寺に「おさかなの家」ができたのは二六年前のこと。境内の一部の家屋を買い戻したのがきっかけであった。「それを賃貸にして収益をあげるより、何か人のために役立てなさい、と仏様がおっしゃっているのかな、という気がしました。その時、思い出したのが一年前に読んだファミリーハウスについての新聞記事だったんです」。そして記憶を頼りに国立がんセンター中央病院を訪ねたら、偶然にも、そこがファミリーハウスの活動ゆかりの場所であった。そんな縁にも導かれて開設を決意。建物を改装し、オープンしたのは一九九四年三月であった。

こうして、ボランティア、日用品などを支援してくれる企業など、多くの人の支えによって成り立っている「おさかなの家」。利用するのは、主に、国立がんセンターや慶應義塾大学病院、慈恵医大付属病院などの病院に入院、通院している子どもとその母親である。他の利用者と一緒に食事を作ったり、互いに悩みを話し合い、情報交換することで得られる安心感も母親たちの励みになっている。「私もお母さんたちの話を聞いたりしますが、先方から聞かれない限り宗教的な話はしません。でも、ほとんどのお母さんは、出かける時や帰って来た時、本堂で手を合わせているようですね。何より、子どもが元気になって帰っていく時が嬉しいです。やっててよかったと思う時です」。山田住職は社会に開かれた寺が増えることを願っている。「それぞれのやり方でいいと思うのですが、お寺は門の中に閉じこもっていたらだめだと思います。お寺も神社や教会にしても、人手と土地が揃っているのですから、それをいかに有効に使わせていただくか、ではないでしょうか」。

臨床宗教師として活動する高橋悦堂師

僧侶でありつつ臨床宗教師としてお宅や病院を訪問して患者さんたちに寄り添っているのが

高橋悦堂師（宮城県栗原市・曹洞宗普門寺副住職）である。

　東日本大震災後、被災者の支援活動に取り組んでいたころ、岡部医師（第三章参照）と出会って高橋師の人生は大きく変わった。長年、在宅緩和ケアに取り組む中から、人々の心のケアを行う宗教者の必要性を力説していた岡部医師。余命いくばくもなかったその岡部医師から、命がけのバトンを受け取ることになったのだ。

　ある日のこと、岡部医師は高橋師に次のように語った。「僧侶が、人間が死ぬところを見たことがない、というのではいけない。仏教は人間が生きる、死ぬ、ということを観察して突き詰めるところから始まったのではないか。俺は間もなく死ぬから、お前は俺の死をしっかり観察しろ」。そこから、ほぼ一ヵ月、高橋師は、岡部健という人間が死にゆく姿を観察することになった。

　こうして、命がけで託された遺志を受け継いで、現在、臨床宗教師として活動を続けている高橋師。患者さんの死に寄り添うことによって、葬儀や供養に臨む姿勢が変わったという。

「死に向き合い、寄り添うことで、人間は死んで終わりではない、ということを感じるようになってきました。亡き人をちゃんと送ってあげるんだ、という覚悟も以前にも増して心底から感じるようになりました」「今の心の苦しみを完全に解消することはできなくても、少しでも今生きている意味とか、理由を再認識、再発見していただければいいのではないかと思っています」。

今までの修行というと、大学を卒業して本山で修行して戻ってくるという流れがあるが、その中で、直接に死と向き合うという機会は少ない。でも、今の高橋師のように、患者さんやその家族と関わることを通して僧侶自身に変化が起きる。死に臨まれる方の悲しみや苦しみに触れ、僧侶も苦悩する。その経験は必ずや僧侶として生きる上で大きな意味をもつに違いないと思う。

さて、ここで取り上げた方々はほんの一例に過ぎない。何らかの社会貢献に取り組んでいる僧侶は各地に数多おられる。その考えも方法も事情に応じて様々であるから、同じようにはいかないかもしれない。ただ、少なくともこの三人の姿を通して感じるのは、これまで自明とされてきたやり方やマニュアル的なものを超えて、現代社会から何が必要とされているのかを現場から感じ取り、それぞれに合った形で創造する、そのような宗教者としての感性が問われているのではないかということだ。

第五章

「共生社会」と寺院の可能性——これからの寺院とは

一　「地域社会」が一つの鍵である（島薗進）
二　ソーシャル・キャピタルとしてのお寺（川又俊則）
三　お寺と大学と地域の連携（前田伸子）
〈視点〉「生き心地」の良い地域づくり——「共生社会」のヒント（大菅俊幸）

一　「地域社会」が一つの鍵である

島薗　進

●創造的役割への期待

——これまで、日本は拡大・成長をめざして走ってきたけれど、幸せという実感をあまり感じないといわれます。現代は「幸せになれない時代か」などという言葉も聞かれます。このような時代にあって、仏教寺院の可能性についてどのようにお考えでしょうか。

島薗　たしかに、富や快適さを求め、業績の拡大を求めて、社会全体は一定の豊かさを実現したはずなのですが、それが幸福を増進させたとは感じられていない現実がありますね。

格差が拡大しており、自分自身のため、家族を支えるために骨身を削って働いていても、孤立や精神的な病いがそこかしこで待ち構えています。不安や悲しみを他人と分かち合うのも容易ではありません。気づいてみれば、何を求めてきた人生だったのかと悔やまれたりもします。人生の途上で、はたと心の空白に気づいて呆然とする人も少なくないと思うのです。

でも、一方では、出勤する前の時間に坐禅をしたり、写経をしたり、仏教書に親しむ人々も多いです。医療の世界では、仏教に学んだマインドフルネス瞑想法が注目されていますし、ブータンのように、仏教をベースとして真に幸福な生き方を探る社会が敬意をもって受けとめられています。平和を求める活動においても、科学技術の方向づけにおいても仏教からの意見や知恵が求められる機会が増えています。

なぜかというと、科学分野の専門家の間で単に効率的で合理的な社会を求めるのでは不十分であることが明らかになったからです。現代社会は精神的な空白に苦しんでいるのだと思います。文化には方向づけが必要です。政治、経済、そして科学の諸分野においても、精神文化が蓄積してきた知恵の助けを必要としています。伝統仏教はそれを具体化する上での有力な基盤だと思います。そういう認識は今後益々深まっていくのではないかと思います。

今の仏教界は、たしかに檀家が減っているとか、仏教行事に従来の檀家があまり積極的ではないとか、過疎化が進んで地方では寺院の運営が難しくなってきているとか、後継者が育たない、などという現実が生じています。そういう点では、たしかに危機ということになります。しかし、これを新しい方向に展開していくということができないわけではないと思います。

――具体的にどうすればよいのでしょうか。

島薗　やはり「地域社会」ということが一つ、鍵になるのではないかと思います。先に述べたように、昔から、お寺は地域社会で重要な役割を担っていたと思います。従来までは、地縁、血縁のしっかりした社会基盤があって、そこにお寺も自然に溶け込み、かみ合っていました。そういう時代があったわけです。ところが、江戸時代から明治、大正、昭和と続き、そして平成となって、その関係がいよいよ揺らぎ始めてきました。

しかし、そういう変化を見ながら、色々な試みも起こってきていますね。そのあたりの最新の動きやニュースについては、川又先生も色々と挙げておられたと思います。大正大学では『地域寺院』という雑誌を出していますし、曹洞宗でも『生き活き寺院　1寺院1事業の手引き』という冊子を作成して全寺院に配布したり、ホームページで公開したりしていますね。全国青少年教化協議会では、仏教精神に基づいて、青少幼年の育成活動に尽力して業績をあげている人々に対して賞を与えて顕彰しています。『中外日報』も、涙骨賞という賞を創設していますが、最近、実践部門が新設されました。各地域で、宗教精神に基づいて社会に貢献している人を顕彰するものです。つまり、お寺が地域社会で創造的な役割を果たすことを世間が期待するようになってきており、それに応えるお寺も増えてきているということです。従来のような檀家制度を通じて地域社会に貢献することの限界が見えてきているので、別の方向を試みているのですね。

●僧侶と寺院が主導して〈共感〉の地域を

島薗　たとえば曹洞宗の梅花流詠讃歌（注1）は、今、少し発展に陰りが見えてはいるのですが、やはり戦後の曹洞宗の寺院活動を広げる上でとても大きな意味があったのではないかと思います。今でもお葬式にご詠歌があるので心が慰められるという人もいます。それは伝統的な葬儀の法要から見ると、やや異質かと思いますが、大事なことではないかと思います。

ご詠歌を学ぶためにお寺に出入りするようになった人たちがいるわけですから、在家の人たちとお寺が近くなる、という効果があったのだと思います。それをもっと活かしていく道が今求められているのではないかと思います。

それから、先に「子ども食堂」のお話をしましたが、それを宗教施設で行う、というケースがとても増えているんですね。それはこの五年ぐらいの話です。なぜこんなに増えているのかというと、かつての地縁や血縁が弱くなって、日本社会が空洞化しているからだと思います。それを少しでも埋めようということで、「子ども食堂」ということになっているのだと思うのです。お寺だとスペースがあるので、ゆったりした場所を提供できますし、新しい縁も生まれます。また、お寺というのは元々弱い人のための、いわゆるアジール（避難所）的な機能をもっているわけですが、人が集まって何かするためには、住職や寺族だけでは手が足りませんね。そこで在家の方が参加できる形ができれば、とてもいいと思います。もし、お寺に梅花講のような、檀信徒のグループがあると自然にその人たちが手伝うことができるのではないでしょうか。

たとえば、宮城県石巻市の洞源院さんなどは、梅花講の活動もなさっていますが、普段から地域の子どもたちを対象とした日曜学校を運営されていました。書道教室、勉強会、レクリエーション、坐禅会など、地域の人々と連携して様々なプログラムを行っていたようです。多い時では五〇名くらいの子どもたちが集まったと聞きました。現在は保育園を運営されていま す。そのように、普段から在家の人がお寺に来るような形態があると、災害の時なども自然に連携して活動できるのではないかと思います。もちろん、その時集まる人たちは、お寺や住職に依存するのではなく、自治的な活動をしなければなりません。リーダーも在家の人になっていただいた方がよいのだと思います。

――今、「子ども食堂」のお話が出ましたが、最近、親子の絆が危うくなっていることを感じます。児童虐待が頻発していますし、親が実の子を手にかけるという事件もありました。学校も児童相談所も手一杯。限界を感じているようです。地域の力、地域の教育力が求められているのではないかと思います。「子ども食堂」は、そんな時代のニーズに応える活動の一つとなるのではないでしょうか。お寺を拠点として、地域の人たちが一緒になって運営する、という形は、この時代にぴったりの活動だと思います。

島薗　これまでの社会は、ある程度の家族の規模があったからこそ外の世界ともおのずからつながることができたのだと思います。しかし、今は、核家族化が進んだこともあり、本当に親しい人のつながり、というのが小さくなって、それに亀裂が生じると外からアプローチできなくなって関係性が壊れてしまう、あるいは孤立してしまう。そんな例がたくさん現れているように思います。ですから、普段から人々が接することができるような色々なつながりを作っておく、ということが大事なのだと思います。「子ども食堂」はそういうものだと思います。カフェ・デ・モンク（宗教者が軽トラックに喫茶店の道具一式を積み込んで被災地などを巡る「移動傾聴喫茶」）も、行茶もそういうものだと思います。

そういう場に宗教者が関わって、つながりをなごやかにする。そして宗教者がいるからこそ大事なことをやっているのだということがわかる。そのような活動の形が求められているのではないでしょうか。

臨床宗教師も、ゆくゆくそのような働きを果たしてゆかなければならないと思います。臨床宗教師というと、病院に行って患者さんの心のケアを行う人、という印象があると思うのですが、それればかりではなく、むしろ、もっと地域社会に広がっていく必要があると思います。たとえば、「ケア集団ハートビート」を立ち上げた長野県松本市の飯島惠道さん（東昌寺住職）のように、地域社会と協力し合って「生老病死のトータルケア」の実現をめざす活動であるとか、秋田県藤里町の袴田俊英さん（月宗寺住職）が取り組んでいるように、「心といのちを考える会」を立ち上げて、「よってたもれ」というカフェを始めて、地域の自死（自殺）対策、自死（自殺）予防に取り組むような活動とかですね。

――たしかに「子ども食堂」や「カフェ・デ・モンク」などが登場する背景にあるものを考えてみると、共感し、支え合う地域づくり、絆づくり、が求められているのだと感じます。地域レベル、あるいは地域を超えたレベルで〈心を支える仕組みづくり〉が必要なのではないかと思います。それをどう作るのか。お寺や僧侶の果たせる役割はとても大きなものがありますね。

島薗　心が通い合う、ということはそれほど簡単ではないですよね。でも、たとえば趣味が一致するから心を開くということもあると思います。私はカラオケが好きなんです、ということで仲間ができる、ということもある。ただ、何らかの問題や悩みを話し合ったり相談したりする場には宗教者が関わることで、趣味の世界を超えた生きる意味や生きがいなどを共有できます。お互いに自分の悩みを打ち明け、それを受け入れる雰囲気が生まれます。そういう試みが広がりつつあるのではないかと思います。

「子ども食堂」の場合などは、一緒にご飯を食べているうちに悩みを話せます。その悩みを助け合いに広げていこうとする時、そこに信頼できる人が必要となり、宗教者の出番がやってくるということにもなる。実際に行うのは大変だと思いますが。

――先日（二〇一九年二月二三日）開催された「地域社会と宗教者――グリーフケアと災害・防災」というシンポジウム（宗援連とRISTEX川崎プロジェクトの共催）で、発表者の飯島惠道さんが紹介していましたが、「共感都市」「共感の倫理」という考えがあるのだそうですね。松本市をぜひ共感都市にしてきたいと話しておられて感銘を受けたのですが、斬新な考え方だと思いました。

島薗　「共感都市」というのは、コンパッショネート・シティーズ（Compassionate Cities）といって、カレン・アームストロングというアメリカの宗教学者やアラン・ケリヒアというオーストラリアの社会学者などが提唱し展開している構想ですね。私たちもコンタクトしているのですが、英語圏では、この考え方に希望をもつ人たちが増えていて、日本でも松本市はその例になりうるのではないか、と思っています。
「共感都市」というものが、どういう構想なのかというと、次のような「共感の倫理」によって支えられる都市であるといわれます。

同じ地域社会に住む人々の悲しみに共感することは、そのコミュニティの住民全員が健康に生きるためには欠かせない倫理である。共感とは、単なる個人の受動的な感情にとどまらない、より包括的で、環境を実際に変えていくような実践的な倫理である。

そのような「共感の倫理」によるまちづくりを広げよう、という考え方ですね、コンパッションというのは「慈悲」の英語訳なんです。悲しみに寄り添うという意味で、仏教の特徴の一つでもあると思いますが、海外でも認知されているわけです。このコンパッショネート・シティーズに共鳴している人たちの中には、元々教会で実践していた人たちもいます。しかし、教会では自分たちが本当にやりたいことができないので、むしろ地域社会全体に広げたいと考えている人たちもいるようです。
地域社会には、宗教者だけではなく、こうして地域のつながりを考えている人たちがいるということですね。社会福祉協議会の人たちから行政の関係者、そして医療関係者や介護に携わる人に至るまでですね。そういう人たちと宗教者が協力する可能性が世界的にも注目されているのです。

――仏教的な表現をするなら、「慈悲の心で寄り添う地域社会づくり」という感じになるでしょうか。

島薗 日本には、保護司、民生委員などに携わっている僧侶の方々がいらっしゃいますね。昔は、学校の教員とか、公務員をなさっている方もけっこういらっしゃったと思います。つまり、地域に根ざして地域の様々な苦悩や課題に寄り添う僧侶の方々ですね。

災害があると必ず孤児が発生します。戦争が起きた時もそうだと思います。そのお世話をするのはお寺の役割なのだ、という考えが、どうも中世の時代あたりからあるんですね。そういう機能がまたお寺に期待されるようになってきている感じがします。

――それから、最近、話題になっているものとして「おてらおやつクラブ」というものもありますね。お寺に寄せられたお菓子を貧困家庭などの子どもたちに提供する活動です。浄土宗の僧侶が中心となって今では全国的な規模になっています。いわばお寺にあるものと社会に欠落しているものをつなぐ運動ですね。この運動は二〇一八年度のグッドデザイン大賞を受賞しているのです。通常は〈形あるもの〉を対象に贈られる賞なのですが、〈形のない仕組み〉に対して、それも僧侶が受賞したということで評判になっているようです。〈志の美しさ〉も評価の対象となったそうで、そのことにも感動しました。発想と工夫しだいで、僧侶やお寺には様々な可能性があることを示した実例ではないでしょうか。

島薗　「おてらおやつクラブ」の前に、「米一升運動」というものもありましたね。それぞれのお寺からお米を供出する、というものでした。それから「畳半畳運動」というものがあります。これは災害の時のために備えて、畳半畳分のものをお寺でしっかり備蓄し、災害がある時のために備えておきましょう、という運動です。こういうものは、昔からあった「支え合いの文化」だと思います。市場経済以前から大事なことを伝承してきているのだと思います。そして、そういうものを社会が必要としているのだと思います。

ですから、震災後に生じた人々の変化、ということになりますが、色々な意味で、多くの人々が現代社会のあり方に疑問をもつようになってきたと同時に、これまで宗教が伝えてきたものの意義を認めるようになってきています。そういう変化もあって、宗教者や僧侶が支援活動に参加することが、一般社会の人たちの宗教に対する期待感を高めているのだと思います。

●これからの葬祭仏教のあり方とは

――なるほど。希望を感じさせていただけるお話です。では、一方で従来のような葬祭を行う仏教のあり方についてですが、今後、どうあればよいとお考えでしょうか。

島薗　「葬式仏教」という言葉がありますね。これは、曹洞宗出身の歴史家であった圭室諦成（たまむろたいじょう）先生が、一九六三年に『葬式仏教』（大法輪閣）という本を出版されて、そこから広まった、と言っていいと思います。現在では「葬式仏教」が、仏教のあり方を、批判的に、あるいは揶揄するような意味を込めた言葉であるように受け取られています。しかし、圭室先生としては、仏教がここに拠点をもち、ここに大きな力の源がある、これを土台にして今後の仏教を展開していくのだ、という意識でこの本を書かれたのだと思います。

竹田聴洲という宗教民俗学者が調べたところによると、寺院の草創の年代を調べていくと、日本のお寺のほぼ九割方が一四〇〇年代から一六〇〇年代、この二〇〇年の間に建てられているのです。地域社会のどこに行ってもお寺がある、という状況は、その時代にできたということです。それがやがて檀家制度と結びついていくんですね。檀家制度は一七世紀になって江戸幕府が作ったわけですが、その前にすでにお寺は広まっていたわけです。

ですから、地域社会の農民たちが、在家の信徒としてお寺と関係を作る、ということは、檀家制度ができる前にすでにできているのです。その基盤が今の葬祭仏教に続いているとすれば、長い数百年の土台があるということですから大事にすべきものだと思います。

たとえば、『がんばれ仏教！』（上田紀行著、NHK出版）で注目された、大阪の秋田光彦さんという僧侶（浄土宗）がいらっしゃいますが、自身のお寺の横に、應典院というお寺を作って、そこに若者を集めて色々なイベントを催していました。「葬式をしない寺」というキャッチフレーズを掲げて展開していたのです。しかし、その秋田さんが、去年ぐらいから「今こそ葬式を」ということで、「お寺終活プロジェクト」を立ち上げたり、伝統的な弔いや、檀家との普段の関係をいかに大事にするかを考える場を設けるとか、新しい取り組みを始めたのです。仏教が死者を弔うことを担ったことの重要性を再認識されたのではないでしょうか。

仏教が死者を弔うというのは、東アジアでいえば、日本に特徴的なもので、韓国にはありませんからね。中国も少ないです。中国では、むしろ道教的、儒教的な方法で弔いが行われます。死者と生者が深い交わりを保つ、という東アジアに共通する文化を、日本では仏教こそが担ったわけです。その特徴を今後もしっかり活かしていくべきだと思うんです。

ただし、その葬祭仏教だけに頼ろうとしたり、かつて蓄えたものに依存しようとするようだと発展性はない、ということだと思います。家族の規模が小さくなってきて、葬祭に集まる人が少なくってきていますし、法事も減ってくる傾向にあるからです。

——日本では、中世まで、死者は道ばたの溝や河原などに捨てられていたといわれます。死は穢れとして忌避されていたからですね。でも鎌倉時代になって、人々の望みに応えて、葬式を行う僧侶が現れます。鎌倉時代の仏教者によって行われるようになった革新的な活動が葬式仏教だったのだと思います。

島薗　私は新宗教の研究にも取り組んでいるのですが、葬祭仏教的な伝統仏教の機能から洩れてしまう要素を、新宗教が拾い上げたと思うのです。在家だけの団体を作る方向で発展したわけですね。神道系もあるし、仏教系もあります。ところが、今、そちらの方もピンチなんです。新宗教の発展性にも陰りがあります。お寺と緊密な関係を保つとか、あるいは集団に所属する、というタイプの宗教のあり方に限界がきているのだと思います。

西洋では、キリスト教教会にあまり人が集まらないそうです。イギリスの教会などは、色々なところに場所を貸しているようです。たとえばサーカスの場所としてとか。これが日本だったら、顰蹙を買うのかもしれませんね。それほど人が来なくなっているのだと思います。そして、たとえ人が来たとしても、従来のようなミサや礼拝に参加するということだけでは充足感がもてない、という声もあるようです。これまでと違うタイプの集い方、交流の仕方が求められているのですね。そういう要望にうまく対応していく必要があるのだと思います。

――仏教だけではなく新宗教やキリスト教にも陰りがあるということですね。宗教全体が地盤沈下しているのでしょうか。

島薗 一般の人から見ると、宗教団体は敷居が高いんですね。そこに入ろうと思うと、仲間の世界、専門の世界があってなかなか難しい。あるいは、すでにしっかりとした色々なつながりがあって、そこにデビューするには相当準備していかないと入れない。よほどうまく導いていただかないと入っていけない。そういうことがあるのではないでしょうか。

たとえば、お寺で法話の会をやります、と誘われても、行ってみる、というのはなかなか難しい。でも、落語の会をやれば行きやすいとか、災害支援の時に「ボランティアを一緒にやりましょう」と声をかけられると一緒に参加する気持ちになれる、ということはあるのではないでしょうか。様々なメニューを用意することで様々な縁ができるわけで、それをどのようにうまくつなげていくかが問われているのではないかと思います。

注

（1）曹洞宗における詠讃歌（ご詠歌、和讃）。これを唱えることを通じて、壇信徒を交えた信仰活動が行われている。

二　ソーシャル・キャピタルとしてのお寺

川又俊則

●お寺がつなぐ人と地域――ソーシャル・キャピタルを大事に

――第二章において、川又先生は、現在の仏教教団に見られる共通の課題として「寺院格差」「後継者の問題」「檀家数の減少」という三つがある、と指摘されました。そのことも踏まえて、これからの時代に、仏教寺院はどのような役割を果たしていけばいいのか、具体的な提言をいただければと思います。

川又　まず最初に、一般的な世論調査によれば、日本では「自分は信仰をもっている」と自覚している信仰者は二割から三割程度なのですが、「宗教心は大事」と思っている人は七割から八割いることを申し上げておきたいです。このギャップは現代日本人の特徴だと思います。これに宗教者はどう対応しているでしょうか。

寺院の檀家さんたちの多くも、じつは「自分は信仰をもっている」と自覚していないかもしれません。また、日本人の宗教に対するマイナスイメージも相変わらずです。このような日本の宗教事情からすれば、いかに布教し、伝道し、教化するか、と考えるより、むしろ、人々の苦悩やニーズにどう対応するか、という観点に立って宗教活動に取り組んだ方が、人々の心をつかめるのではないかと思います。その結果、個々人が宗教の意義を見直すことにもなるでしょう。キーワードを挙げるなら、ソーシャル・キャピタル（社会関係資本）を大事にしたアプローチということになるでしょうか。

ソーシャル・キャピタルとは、人々の協力や助け合いの行動を促す「信頼」「お互い様の支え合い」「つながり」などのことを意味します。経済学や社会学でよく用いられる言葉ですが、普段は目に見えなくても、教育や健康などに大切な役割を果たしているものです。

ちなみに、東日本大震災はとても痛ましい災害であったにもかかわらず、人々は互いに譲り合い、自分を犠牲にしてでも弱い立場の人を助け、世界から高い評価を受けました。日本のソーシャル・キャピタルの厚みを世界に示したということだと思います。

そのようなわけで、地域社会の「信頼」や「支え合い」や「つながり」というものを醸成するために、いかに宗教者、僧侶が取り組むのか。それが大切だと思います。そのような試みや実践はすでにあるので、それらも参考にしつつ取り組まれてはどうでしょうか。

たとえば、様々な事情で、食事に事欠く子どもや孤食の子どもたちに食事を提供する「子ども食堂」が最近、よく話題になっていますが、その一つといえると思います。

――「子ども食堂」のことは島薗先生も取り上げていたのですが、それほど注目されているということでしょうか。

川又 そうだと思います。現代社会におけるお寺の役割を考える上で象徴的な事例なのだと思います。島薗先生のお考えと重なるところがあるかもしれませんが、私の考えを述べさせていただけますか。

現在、子どもの貧困が一つの大きな社会問題となっています。日本では、子どものいる世帯の相対的貧困率は、先進諸国でも高い方で、ひとり親世帯の貧困率は五〇％を超えており、とくに母子家庭の生活課題は深刻といわれます。

こうした状況を受けて、志のある市民が支援に立ち上がって、「子ども食堂」の設立が全国に相次いでいます。地域の子どもたちへ定期的に温かい食事を提供し、地域全体で子どもと親を支えていく気運も高まっています。

率先して「子ども食堂」に取り組むお寺も全国的に増えています。お寺は、本来、人と人とのご縁をつむぎ出す場所だと思います。日曜学校や子ども会を行っている寺院もあります。でも、この数十年でだいぶ少なくなったようです。しかし、実際に支援を必要としている子どもたちがおり、たとえ檀家さん相手ではなくても、地域社会にお寺を開いていくことで、人と人の交流が始まり、地域もお寺も活性化していくのではないでしょうか。お寺の役割、存在意義は、地域のつながりの拠点として、増していくというところもあります。

――じつは、私も「子ども食堂」に取り組んでいる団体の方にお話を聞いたことがあるんですが、その時「お寺で子ども食堂をやっていただけたらありがたい」という声が聞かれました。お寺には何百年と地域に根ざしてきた歴史の重みと信頼感があるのだと思いました。

川又　「子ども食堂」はほんの一例です。それこそ、住職が民生委員や児童委員を務められたり、お寺が災害ボランティア活動の拠点となったり、今おっしゃったように「地域に根ざした歴史」による信頼は、お寺ならではの特徴だと考えると、お寺には様々な可能性があるのではないでしょうか。

●共生社会の拠点として

——地域社会の人々が連携する拠点となって、結節点となって、お寺や僧侶が様々な役割を果たせるということですね。

川又　そうだと思います。多世代共生社会、多文化共生社会、それが、これからの時代のキーワードの一つだと思います。それをどのように実現していくか。お寺が果たせる役割はとても大きいのではないでしょうか。

——たしかにそうですね。地域社会、コミュニティの再構築がとても求められているように思います。ちなみに、家族などの集団を超えたつながりや交流がどのぐらいあるのか、「社会的孤立」に関する国際比較（世界価値観調査〔World Values Survey〕）がありますが、「社会的孤立」の度合いが、残念ながら日本は先進国の中で最も高い社会になっているんですね。現在の日本社会の様々な問題の根底にこの点があるのではないでしょうか。

川又　「社会的孤立」の度合いが高い、ということは、家族以外の他人への無関心や、他人との支え合いへの忌避感にもつながると思います。現在の日本社会は、古い共同体（農村社会など）が崩れて、それに代わる新しいコミュニティができていないという状況にあります。そのことが「社会的孤立」という点に表れているのではないでしょうか。

日本は人口減少社会を迎えたわけですが、会社などの組織が流動化し、家族も多様化して、一人暮らし世帯も急増しています。そんな中で、集団を超えて個人と個人がつながるような関係性をいかに育てていくか、それが日本社会の課題になっていると思います。

——そういう意味でも、地域に根ざしているお寺に期待されるものは大きいということですね。

川又　そう思います。私が思い描く「共生社会」のイメージを少しお話ししたいと思います。ほんの一例なのですが、たとえば、私が住んでいる三重県のある浄土宗のお寺では、子ども向けに、ボランティアによる学習支援や日本語支援の塾を開いています。その経済的支援のため、黒ニンニクを作る活動への参加を広く募り、若い人たちにも農業を一緒にすることを呼びかけて取り組んでいます。一人暮らしも多い高齢者に向けて、一日一食ぐらいはみんなで一緒にご飯を食べよう、と、安い料金で「高齢者食堂」も運営しています。これらの活動は住職一人だけでなく、様々な世代、様々な職種の方が集まってチームを組んで多世代にアプローチしているのです。
それから、三重県は海外関連の企業や外国人が多いので、そういう方々にアプローチする活動も行われています。今後、外国人の働き手が増えていくことが予測されるので、益々、多文化共生社会への対応が必要とされると思います。

――今のお話で思い出しましたが、最近、あちらこちらで「僧侶によるカフェ活動」がはやっているようですね。一人暮らしの高齢者が増えたことも関係あるのかもしれません。居場所や人と人とのつながりを求めている人は多いのではないでしょうか。

川又　真宗高田派本山の専修寺門前にあるレストラン「ぼんぼり」でも、月に一回、そのような取り組みを行っています。私もうかがいたいのですが、毎回、満席で、まだ実現できていません。それだけ僧侶と触れ合いたい方が多いようです。うまくきっかけを作って場所を提供すれば、人が集まって来るのだと思います。あとは僧侶の側が、人々のニーズをしっかり把握して、うまく工夫することでしょう。宗教者は求められていると思います。
私の知っている例として、北海道のキリスト教教会の人たちの取り組みがあるのですが、そのことを少し紹介させていただいてもいいですか。自分が所属している教会だけではなく、地

「共同教会」をしている教会の一つ、苫小牧弥生教会

域内にある教会全体のことをみんなで理解し合い、みんなで支え合おうと活動している信徒さんと牧師さんたちのことです。その取り組みは「共同牧会」と呼ばれています。

●「共同寺院」は可能か

――地域全体の教会をみんなで支えるのですか。それは興味深いですね。

川又　日本基督教団北海教区苫小牧地区の教会、つまり北海道のプロテスタント教会による取り組みです。同地区に所属する教会は八教会ですが、五〇年ほど前、この八教会で三人しか牧師さんがいない時期がありました。それぞれ兼務し、毎週の礼拝にその三人がフル回転しても、月に何千キロも移動しなければならず、それは千葉と埼玉と神奈川をずっと廻るようなものでした。移動だけで一日がかりとなり、とても対応できる状況ではなくなったのです。

それでどうしたかというと、信徒さんたちが話し合い、互いに教会に行って礼拝したり、牧師が来られない時は信徒の誰かが祈ろう、となったのです。さらに画期的なことには、八つの教会すべてを、お互いに理解し合い、支え合おうということで、信徒集会を年一回、各教会持ち回りで開き、それを通して各教会の現状を信徒みんなで理解し、交流を深めよう、牧師も交換説教しよう、ということになり、それを続けています。素晴らしいことだと思います。

牧師側が先導したというより、教会を存続するために自分たちが協力し合わないといけない、と考えて、信徒側が積極的に動いたといえるでしょう。通常の献金とは別に、「共同牧会」用の献金も行って、遠方から牧師を呼ぶための交通費を捻出しています。私はそこが、この「共同牧会」のポイントだと思っています。現在、八教会を六人の牧師が兼務し、礼拝の時は、ほぼ牧師がいる状態で運営されています。自分が所属している教会だけではなく、遠方の教会のことも理解して、八つの教会が一つの教会である、という意識があってこそ、この「共同牧会」というものが成り立つのだと思います。

そこで、私はこういうことが仏教側でもできないものかと思うのです。たとえば兼務しているご住職のお寺がいくつかあったとしても、兼務どうしの住職や檀信徒が自分のお寺以外に、相手のことまで理解して寄り添うことができれば、共同牧会に近い形のものができるかもしれません。しかし、そのためには、「おらが寺」という意識を乗り越えなければなりませんね。

――なるほど。もし、そういうものが実現するなら、「共同牧会」ならぬ「共同寺院」という

七里講の「四日講」(2015年7月4日)

ことになるでしょうか。牧師さんというより、信徒の皆さんが立ち上がって行動を始めた、ということも素晴らしいですね。今まで仏教側にそういう例はないのでしょうか。

川又　三重県の真宗高田派には「七里講」というものがあります。これは、真宗高田派中興、第十世真慧上人を崇敬する人々の集まりです。具体的には、鈴鹿市を流れる鈴鹿川中流両岸を中心にした地域一二ヵ寺の門徒(檀家、同行)が、二〇〇年以上も毎月の行事を行い、本山参詣も続けてきた伝統的な宗教講です。寺院を超えた門徒組織による運営という事例です。

毎月四日に、各寺院から二名ずつと講長、

副講長などが、年間予定で決められた当番寺に集まって「四日講」を厳修し、一五日には灯明まいり（本山参詣）をしています。「七里講」は本山のお七夜報恩講などで法主警護の役割も担っています。毎月の行事を通じて「七里講」に関わっている皆さんは、真慧上人のことを学び、関わるお寺へも行き来しているのです。

一九六〇年代から七〇年代ごろの研究報告などを見る限り、そのころは、真宗各派などで門徒たちの講組織は大変活発に、報恩講他の行事でも信仰を深め合っていたようです。真宗ばかりでなく、かつての日本には、そういう例がたくさんあったと思うのですが、時代とともに消えていったのだと思います。ただ、「七里講」のように、現在も講組織を守り続けている人がいることを、私自身、他にも実際に見聞きして知っています。

――日本には「隠れキリシタン」や「隠れ念仏」「隠し念仏」と呼ばれる人たちがいましたね。時の権力から弾圧され、宣教師や僧侶がいなくなっても、命がけで信仰を守り続けた人たちです。そのような人たちのことを思うと、決して日本の民衆は宗教心が希薄なのではなく、内側には底力のような宗教心が眠っているようにも感じます。

三　お寺と大学と地域の連携

前田伸子

――この章では現代社会における仏教寺院の可能性についてお話をうかがっているのですが、總持寺と鶴見大学は、地域社会との連携を積極的に進めようとされていますね。そのことについて、聞かせていただけますか。

●鶴見と總持寺と鶴見大学の場合

前田　横浜の鶴見という地域の皆様にとって、總持寺というのはとても大きな存在のようです。鶴見に大学が一つあるということもとても大きなことのようです。ですから、地域の活性化のために、總持寺と鶴見大学がさらに一緒になって貢献していかなければと思っています。

年に一回のイベントで、「つるみ夢ひろば.in總持寺」というものがあります。總持寺が中心になって地元の方たちと連携して行っているものです。年々、色々な催しを行って賑やかなんですが、昨年（二〇一七年）のイベントでは、總持寺、鶴見大学、そして地域の方から、それぞれシンポジストが登場して、總持寺の三松閣で、「鶴見の未来を語り合う」というシンポジウムを行ったんです。地域の活性化のためにはどうしたらいいかについて話し合いました。十分な広報ができなくて、どれぐらいの人が来てくれるかわからなかったんですが、けっこう地域の方が来てくださいましたね。その時、地域の方からどんな意見が出たかというと、「もっと、日常的に總持寺と鶴見大学に関わっていきたい」ということでした。

たとえば、石川県輪島の總持寺祖院の場合は、寺院周辺が門前町という名前になっていますし、歴史ある古い家を活かした佇まいで、とても趣きがあります。そんなふうに、鶴見大学に面している豊岡通りは總持寺の参道にもあたるわけで、もっと町や通りの中に総持寺の雰囲気に触れるようなものがあってもいいのではないか、という意見が地域の方から出ているのです。じつは昨日もその方々と相談をしていたのです。地元の方が、今度、新しいビルを建てる際に、何かお寺と直結したカフェみたいなものをやりたいという意向をおもちなんです。

直接足を運ばなくても町の中で總持寺の雰囲気に触れることができる。そこで触れたら、今度は実際に總持寺に行ってみる。学生もその中のイベントを担う。そういうことがあってもいいのではないかと思うのです。そこで私が考えたのは、コミュニケーション能力を学んでもらった若いお坊さんに来てもらって、地域の方々とお話をしてもらう、ということです。それを若いお坊さんたちの一種の実習の場のようにできたらいいのではないかと思っています。つまり、お坊さんと話をしたいという人が来た時、お坊さんとしての話を期待された時、どのように話をすればいいか。そういう鍛錬になるのではないかと思っているのです。これは決まったわけではなく、まだ私が勝手に想像していることですが。

――たしか、鶴見駅の駅ビル（CIAL鶴見）の中に「禅カフェ」がありましたね。

前田　そうなんです。駅ビルの五階にあるんです。あそこは、オープンしてもう五年になるんですけど、毎週、小さなイベントを行っています。大学としては鶴見大学と駒澤大学だけですが、お寺は大本山總持寺の他、建長寺とか、曹洞宗と臨済宗のお寺が一緒になって取り組んでいるものです。普段でもお茶を楽しめますが、火曜日と金曜日の午前中には、短い法話を聴いて坐禅を組んで、その後で、お茶をいただく、というイベントです。

それから、同じグループが、毎年一一月三日に、鶴見大学会館の地下にあるホールで、「わかりやすいZen禅」というイベントを行っています。曹洞宗や臨済宗の僧侶が来て、お話をして、椅子坐禅の体験をする、という内容です。これがけっこう好評で、満杯になって、ホールは三〇〇名収容できるのですが、来場された方たち全員が入れなくなるぐらい、人が溢れます。

禅カフェ「坐月一葉」

「わかりやすいZen禅」

機会があれば禅に触れたい、坐禅をしてみたいという人がいるんですね。興味はあるのだけれど、どこに行けばいいのか、どうやればいいのかわからないという現状なのだと思います。檀家というつながりは疎遠になっても、一般の方はチャンスがあれば知りたい、近くにそういう場があるのであれば学びたいと思っているんだと思います。

ですから、修行僧の方が總持寺を離れて地域に戻っても、お寺を中心として、檀家さんだけではなく、地域の皆さんと一緒に何がやれるか、ということをしっかり考えていただきたいと思っています。実際そのように実践されている方はたくさんいらっしゃいます。

そうすることで、檀家さんとのつながり、ということだけではなく、地域のつながり、という点から、お坊さんやお寺はもっと人々に必要とされる存在になるのではないかと私は思っています。

總持寺は、昔から地域との連携に熱心に取り組んでいます。毎年、境内で盆踊りもやっています。この二、三年、鶴見駅が混雑するぐらい、何万人という人が来るらしいですよ。

――一九九七年のころだったでしょうか、總持寺の境内に仮設ステージを作らせていただいて、シャンティがチャリティコンサートをやらせていただいたことがあります。地元の大勢の皆さんが参道を登って集まって来られました。總持寺が地域の人たちに親しまれていることを実感した時でした。

先ほど、お寺と直結した町の施設のようなものを模索しているとのことでしたが、具体的にはどんなことを考えているのでしょうか。

前田　地域の人たちと話した感じでは、坐禅をしたり精進料理を習ったり、食べていただいたり、ということが話題に挙がっています。

今年（二〇一八年）の五月、總持寺が横浜ベイシェラトンホテルとコラボレーションした精進料理の企画があるそうです。典座寮（てんぞりょう）(注1)の人たちがレシピをきちんと伝えて、ホテルのシェフが總持寺のレシピで料理を出したら、ものすごい人気だったそうです。精進料理をもっとカジュアルに食べたい、習いたい、という人がいるんじゃないかと思います。健康志向が高まっているご時世ですから。

こちらからお願いするというのではなくて、地域の方から、ぜひ總持寺や鶴見大学と一緒に地域の活性化に取り組みたい、と言ってくださっているので、この機会にお応えしなかったら申し訳ないと思っています。地域に貢献することも大学の役割であると思っています。

――シャンティも、鶴見大学には、これまで様々ご協力いただいてありがたく思っております。

最近のこととしては、東日本大震災の後、鶴見大学の学生の皆さんがボランティアとして、シャンティが活動していた気仙沼に何度も来てくださいました。地元の子どもたちの勉強を見てくださる活動に取り組んで、その活動のことを「まなびーば」と呼んでいました。

前田 そうでしたね。

——こちらが嬉しかったのは、学生さんの方から、「気仙沼の子どもたちに勉強を教えるボランティアは必要ないでしょうか」と問い合わせをいただいたことです。そして地元の小学校に問い合わせたら、「ぜひお願いします」という返事だったので、学生さんに行っていただいたわけです。震災の影響で地元教師の皆さんが授業の遅れを心配していたので助かったと思います。

前田 親御さんや先生方が忙しくて手が回らないということで、私たちのボランティア活動は子どもたちを対象にしたのです。大谷小学校と鹿折小学校でしたね。夏休みとか、冬休みとか、長期の休みの時に活動しました。最初は地元の民家を借りてやっていましたが、その後、小学校に泊めていただけるようになりました。最初は何をしているんだろう、とご近所の方に思われた部分もあったようですが、継続しているうちに毎回楽しみにしてくれるような感じがありましたね。大谷小学校の先生方はとても意欲的で、学校側と学生ボランティアの間には強いつながりが生まれていたと思います。

――気仙沼には前田先生も学長先生も来てくださって、前田先生にはシャンティの気仙沼事務所にも立ち寄っていただきました。ありがとうございました。NGOと大学が連携した一つのモデルケースにもなったと思います。これからもご一緒にできることがあれば、ぜひ、連携させていただければと思います。

前田　こちらこそ、よろしくお願いします。

注

(1) 修行僧や参拝客に供する食事を作っている部署。

〈視点〉「生き心地」のよい地域づくり――「共生社会」のヒント　［大菅俊幸］

私たちがめざすべき「共生社会」への道。それは、さほど平坦ではないであろう。なぜなら、この社会を覆っている「不寛容」との闘いでもあるからだ。「生産性がない者には生きる価値などない」「企業の営利活動に貢献できない者には生きる資格なし」。いつからか、そんな空気がこの社会を覆っている。

寛容さが失われつつあり、貧困も自己責任、過労死や過労自殺、病気になるのも自己責任。「自分の苦しみの原因」がどこにあるのかわからないまま、敵を求めて叩きたがる人も少なくない。そのような現実と真正面から向き合わなければならない。

しかし、希望もある。

一冊の本と巡り合い、共生社会の一つのヒントを得たようで、思わず膝を打ってしまった。それは、岡檀（おかまゆみ）著『生き心地の良い町――この自殺率の低さには理由（わけ）がある』（講談社）という本である。岡さんは、現在、和歌山県立医科大学保健看護学部講師である。

徳島県の南端、旧海部町（以下、「海部町」と表記する）。太平洋に臨む人口約三千人の小さな町は、全国でも飛びぬけて自殺率（人口一〇万人に対し、年間何人が自殺しているかの数字）が低いという。

当時、大学院生だった岡さんはこのことに関心をもち、現地に何度も足を運び、住民らにインタビューを重ね、海部町や他の町で何千というサンプルのアンケートを実施した。それを分析した結果、岡さんは海部町のコミュニティに、五つの自殺予防因子があることを見出した。つまり、自殺の少ない海部町のコミュニティにはあるが、自殺の多い地域にはない要素ということである。それは次の五つである。

「いろんな人がいてもよい、いろんな人がいた方がよい」「人物本位主義をつらぬく」「どうせ自分なんて、と考えない」「『病』は市に出せ」「ゆるやかにつながる」。

たとえば、「いろんな人がいてもよい、いろんな人がいた方がよい」。町の相互扶助組織「朋輩組」に、その特色が表れているという。よそ者、新参者も入退会自由であり、自由意思が最大限尊重される。入会しない住民も不利益を被ることはない。結果として、メンバーの組織への考え方や関わり方は十人十色となっている。

「人物本位主義」については、年長者だからといって威張らない雰囲気があり、地域のリーダーを選ぶ際も、年齢や職業上の地位、家柄や財力などにとらわれることなく、その人の問題解決能力や人柄を見て評価するという。

それから、「どうせ自分なんて、と考えない」については、たとえば「自分のような者に政府を動かす力はないと思いますか」、という問いに対し、「ない」と答えた人は、近隣のA町の半分ほどで、主体的に政治に参画する人が多く、自分たちの町を自分たちの手でよくしよう、という姿勢が見られるという。行政への注文も多く、「お上頼み」の傾向はあまり見られないという。

「『病』は市に出せ」は、岡さんが海部町で聞き取った格言である。病いはもとより、悩みやトラブルも自分だけで抱え込まずに、周りに打ち明ければ援助の手が差し伸べられるかもしれない。だから、取り返しのつかない事態となる前に、周りに相談せよ、という町の人たちの教訓である。このように海部町には悩みをオープンにしやすい環境づくりを心がけてきた痕跡が見られるという。

そして、最後の「ゆるやかにつながる」である。自殺が少ないというと、住民が深い絆で結びついているような印象があるが、海部町では、むしろ隣人との付き合いに粘質な印象はなく、基本は放任主義、必要があれば、過不足なく援助するような淡泊なコミュニケーションが多く見られるという。

こうして、この五つの因子がこの町を住み心地のよい町にし、自殺を少なくしている、というのだ。そこでふと思ったのは、この五つの因子は「共生社会」のありようについても示唆しているのではないか、ということだ。

「共生社会」とはどんな社会だろう。お互いに支え合い、助け合う社会であると思うが、一人一人の違いを尊重し、大切にすることなしに、それはありえないだろう。そう考えると、とくに「いろんな人がいてもよい。いろんな人がいた方がよい」などは、「共生社会」のありようを具体的にイメージさせる表現にもなっているのではないだろうか。排他主義が吹き荒れ、不寛容になっている現代社会において、このことを実現することがいかに喫緊の課題であるか。ただ、相手に変わることを迫る前に、自分が変わる道でもあることも覚悟しなければならない。

とまれ、「共生社会」を実現するには、スローガンにとどまることなく、どんな社会でありたいのか、具体的なイメージをしっかり描くことが肝要である。地域社会に根ざしている寺院や僧侶に新たな出番が来ていると思われてならない。

第六章

社会の苦悩に向き合う――これから求められる仏教の役割とは

一　シャンティは仏教の現代的表現なのか

島薗　進

島薗　今回は、私の方から大菅さんに、シャンティについてお話をお聞きしたいと思っています。

生と死など、人々が悩んでいる問題もありますが、社会が悩んでいる問題というものもありますね。様々な社会の問題にどう向き合っていくかも大事なことです。とくに若者たちは、暴力、闘争、平和、科学技術と人間の関わりなどの問題を通して、宗教に関心をもつところがあると思います。シャンティが発足したのも、そういう強い問題意識があったからではないかと思うのですが、いかがですか。

――シャンティのそもそもの出発点は、一九八〇年に発足した「曹洞宗東南アジア難民救済会議（JSRC）」という曹洞宗のプロジェクトにあります。当時の様子を簡単に紹介させていただきます。

一九七九年、ポルポト政権の崩壊とともにタイに逃れたたくさんのカンボジア難民の惨状が世界に大きな衝撃を与えていました。そんな難民たちの姿がテレビで放映されるたびに、難民救援の関心が高まり、曹洞宗でもそのことが話題になって、救援活動の可能性が検討されていました。そしてタイに流れ込む難民の数が一万五〇〇〇人に及ぶという事態になって、いよいよ同じアジアの仏教徒に対して日本の仏教徒が傍観することは許されないという気運が高まって、現地に調査団が派遣された、というのが発端です。その調査団の報告を受けて、とても座視できるものではないとＪＳＲＣを立ち上げ、難民救済に踏み出すことになったのですね。その活動を引き継いで一九八一年に発足したのが「曹洞宗ボランティア会」であり、何度かの改組を経て、現在のシャンティがあるということになります。公益社団法人として、今は僧侶と在家の人たちが一緒になって活動しています。

島薗　カンボジア難民を含めて、インドシナ難民が数多く発生したのは、たしかベトナム戦争の後でしたね。そのころのことを少し思い起こしてみると、アメリカがベトナムに関わるようになるのは主に一九六〇年代でした。ベトナム戦争となって、無差別空爆であったり、枯れ葉剤を使用したり、徴兵制の下で闘っていたアメリカの兵士の中にもこの戦争を疑問に思っている人が多かったと思います。日本も深く関わって、韓国からは多くの兵隊が現地に行きました。

大菅俊幸（おおすが　としゆき）

1950年生まれ、宮城県出身。駒澤大学大学院人文科学研究科修士課程仏教学専攻修了。高校教員などを経て公益社団法人シャンティ国際ボランティア会職員。現在、同会専門アドバイザー、曹洞宗総合研究センター講師。実践仏教学。シャンティの創設者有馬実成に共鳴し、仏教精神に根ざした社会貢献活動（仏教ボランティア）を探究している。著書に有馬実成の評伝『泥の菩薩』（大法輪閣、2006)、『慈悲のかたち』（佼成出版社、2017)。編著に『ピーマイ・ラオ』(1996)、『タイ・やきものロードをゆく』(1997)、『スバエクの物語』(1998)、『ラオス古都紀行』(1999)、『ラオス山河紀行』(2000)（以上、現代企画室）など。

やがてアメリカは敗北し、撤退するわけですが、多くの難民が発生して、ボートピープルと呼ばれて小さな舟にたくさんの人が乗って海外へ逃げる、ということが起きました。

今はシリアから多くの難民が出ていますが、同じような状況がアジアで起きていたわけですね。そういう中から「曹洞宗ボランティア会」が立ち上がったということは大きな意義があったと思います。

高度成長期は終わっていましたが、『ジャパン・アズ・ナンバーワン』という本が出たように、第二次オイルショックの時は、アメリカも経済的にかなり低落傾向にあった時期で、日本が追い抜くのではないかという状況でした。

国内の社会問題はおのずと片付くのではないかという楽観があったからかもしれませんが、当時、貧困にあえいでいた東南アジアを支援することが当時の仏教界の大きな課題としてあったと思います。その流れが現在までも続いているように思います。今もそういう活動を支援している地域のお寺さんはたくさんありますね。

そういう活動で養われたものが、日本の問題への関心にもつながってきたのではないでしょうか。九〇年代以降、日本が格差社会になってきて、弱い立場にある人の問題、貧困、差別の問題の認識、被差別部落、とくに女性差別の認識など、国内の問題に取り組む動きが活発化する流れになってきたように思います。活動する人たちの側からするなら、そこにこそ宗教、仏

カンボジア難民キャンプの図書館（1981年、タイ・カオイダン）

教の重要な働きがあるのではないか、という認識なのではないでしょうか。

シャンティは、どちらかというと、これまで海外の活動が中心でしたね。発足が一九八一年ということでしたが、七〇年代、八〇年代の日本の状況を考えると、人助けといっても、日本人の中にそれほどの現実感はなかったのではないでしょうか。

——今から約四〇年前の一九七九年、現地調査団の若手僧侶のメンバーが、初めて難民キャンプに入った時、すでに支援に入っていた外国のNGO関係者から、「やっと日本人が来たか。日本人って、モノやお金はすぐに出すけど、人はなかなか出してくれないからね」と、皮肉を言われたそうです。日本の国際協力の現状がいかに遅れているのか、肌で感じた時だったようです。

国内においても、社会貢献とかボランティア活動に対する関心はそれほど高くなかったと思います。きっかけはやはり、ボランティア元年といわれた阪神・淡路大震災からでしょうか。

島薗　一九五〇年代から六〇年代のころ、国内に弱い立場の人たちがいましたが、家族や親族、地域社会などがセーフティネット（安全網。万一の事態に備え、安全や安心を確保するための仕組み）の働きを果たしていました。新宗教なども、たとえば都会生活において孤立して悩んでいる女性を援助したりして、一定の信頼感を得ていました。しかし、七〇年代から八〇年代にかけて、だんだん、そういう支え合いの働きが希薄になっていって、バブルが弾けて九〇年代になると、今度は孤立する人が国内で目立つようになります。そして阪神・淡路大震災になって、支援活動の意義を感じる人たちがどっと出てきたのではないでしょうか。

――その通りだと思います。そして、そういう動きが後押しする形になって、市民活動を奨励する動きが加速化して、ＮＰＯ法が制定され、ＮＰＯ法人がたくさん生まれることにつながっていったと思います。

島薗　なぜ、そのようにボランティア活動や社会貢献活動が活発になっていったかというと、生活が豊かになって余裕が生まれてきた、という面があると思います。しかし、その一方で、豊かさの反面として、無縁社会といわれる状況とか、貧困層、孤立する人など、セーフティネットから外れる人たちの存在が目立つようになってきて、豊かといってもじつは危うい社会関係の中に生きているのだ、ということをみんなが自覚するようになってきたからだと思います。そこから、何らかの形で行動しなければならない、という社会参加の気運が生まれてきたのだと思うのです。

確かそうな組織や集団に所属して安心や安定感を得られれば、それで満足、というのではなく、社会に飛び込んでいって新しい関わりを求めようとする人々が増えてきたように思うのです。支援活動の現場において、よく「人を助ける」といいますね。〈助ける側は、いつも助ける側〉で〈助けられる側は、いつも助けられる側〉か、というと、そうではなく、じつは相互的なものなんですね。〈助ける側が、助けられる側でもある〉。そういう意識をもった支援活動になってきているのではないでしょうか。

――助ける側がじつは助けられる側でもある、という意識は、私たちが活動を通して肌で感じてきたことでもあります。

たとえば、シャンティの先輩である僧侶の方々が、一九八〇年代、初めてカンボジア難民キャンプに入った時のことです。難民たちは、「日本からわざわざ来てくれた。それだけで嬉しい」と、ミルクとか麺類を布施してくれたそうです。自分たちの食糧さえも覚束ないにもかかわらずです。そのことに強いショックを受けて、「こちらが助けてやるだなんてとんでもない。こちらも大切なことを学ぶ機会なのだ」と思ったそうです。ある僧侶は、難民の姿から〈三輪空寂の布施〉を学んだ、とも語っていました。布施する側、布施を受ける側、布施物、その三つが対等で清浄な関係に立つ布施ということですね。まさに、今、先生がおっしゃった、助ける側が助けられる側でもある、ということにつながるものではないかと思います。仏教はボランティアの根底にある考え方を的確に表現している宗教なのだと思います。

島薗　東南アジアの僧侶たちから学んだことも大きかったのではないですか。

――そうですね。現地で活動していてカンボジアやタイの僧侶と接する機会が多く、その存在感、人々への影響力の大きさに目を開かれることが少なくなかったと思います。上座部系の仏教者というのは、自分の悟りだけを求めて、社会に対して積極的に関わらない人々、という通念があるように思いますが、それは、とんでもない誤解だと気づかされました。

カンボジア難民キャンプの僧侶たち（1980年、タイ・カオイダン）

たとえば、カンボジア僧のコーサナンダ和尚などは、同胞を助けるために難民キャンプの国境付近で資金集めに奔走し、死にそうな人がいれば抱きかかえて病院に運んでいました。「戒律に触れないのですか」と聞いたら、「ブッダはきっと許してくださる。マサカノトモガ、シンノトモ（まさかの友が真の友）」と、答えたそうです。

東北タイの僧、ナーン和尚などは、村人に瞑想の方法を教え、自分の心を見つめ、進むべき道を見出せるように指導していました。そして、それをもとに、村人自身が村の問題を直視し、原因を追求し、克服する道を発見し、共に歩むあり方を切り拓いていました。つまり、自己開発をもとにした社会開発、仏法による社会開発の実践ですね。このように出家者として物心両面の開発に取り組む人は〈開発僧、開発尼僧〉と呼ばれているのですが、彼らから日本の仏教者が学ぶことは少なくないと思います。

島薗　仏教は、そもそも出家主義、出家中心主義であって、日本の仏教でいうと禅宗がとくにそういう性格が強かったのだろうと思いますが、曹洞宗においては大内青巒（おおうちせいらん）などが、在家信者を巻き込んだ仏教のあり方を模索していたのではないでしょうか。

その点、上座部仏教は、もっと出家主義の傾向が強いわけですが、〈開発〉ということを通して、在家の人々を巻き込み、社会の中で具体化していく仏教につなげていったのだと思います。

台湾でも成功している例がありますね。仏光山を開いた星雲大師という人は「文化で仏法を広め、教育で人材を育成し、慈善で社会に福祉をもたらし、共に修行することによって人心を浄化する」というスローガンを掲げて、「人間仏教」を提唱し、文化や教育、慈善事業などに力を入れています。人々のニーズを巧みに取り入れて、現代社会に適応する形の活動に変化させていったのだと思います。

同じく台湾の仏教系の慈善団体である「慈済基金会」も、仏教精神に基づいて、医療、教育、災害救援などに精力的な活動をしていますね。東日本大震災の際は、世界から義援金を集めて被災者を支援してくれました。どちらも、すさまじい規模と勢いの活動を展開しています。

それらの考え方のもとになっているのが、「一般の人々の生活の中でこそ仏教は生きるのだ」という理念なんですね。世界の仏教界に見られるこのような動きについて、西洋の学者はエンゲージド・ブッディズム（社会参加仏教）と呼んだわけです。しかし正法を求めるのが仏教であるなら、元々仏教は社会にエンゲージ（参加）していなかったわけではないと思います。

――ひところ社会参加仏教という言葉がもてはやされましたが、少なくともシャンティを立ち上げたり、関わってこられた僧侶の方々は、とくに〈社会参加仏教〉という言葉を使わずとも、おのずから社会参加仏教を実践していたのだと思います。

シャンティが活動を開始した一九八〇年代のアジアでは、急速な近代化と経済成長が進んで、国家や多国籍企業による上からの開発に対する批判の声が挙がっていました。そして、これまでのような「物の開発」を中心とした近代化や経済成長ではなく、「心の開発」を重視する開発の考え方が登場したのです。それは仏教思想に基づいて現代社会の問題に対応することをめざすもので、一人一人の心の開発、自己実現が重視され、固有の文化を尊重し、地域住民が主体的に参加することが大切にされた社会開発の考え方でした。

それを主導したのが、先ほどのタイの「開発僧」やそれに共鳴する人々、そしてカンボジアのコーサナンダ和尚などでした。当時、シャンティに関わった人たちが、そのような人たちと共に活動することができたことはとても貴重であったと思います。その体験や智恵を伝えていく責任があると思っています。

島薗　スリランカの「サルボダヤ・シュラマダーナ運動」などもそうですね。仏教をベースにした社会参加活動の一つのモデルとしたもので、日本でもかなり共鳴する人がいるようです。創立者であるアリヤラトネ氏は元々高校の先生だった方ですね。

――そうですね。「サルボダヤ・シュラマダーナ運動」は、私も関心をもち続けている運動です。スリランカのアリヤラトネ氏が始めた、民衆が主体となった開発運動ですね。単なる物質的生活の向上をめざす社会開発運動ではなく、サルバ（すべて）ウダヤ（目覚め）という言葉に表現されるように、仏教に基づいて、個人から世界にいたるまで、「すべてのものの幸福と覚醒をめざす」精神文化の開発運動でもあります。それを「持てる力（シュラマ）の分かち合い（ダーナ）」によって実践しようとするものです。仏教をベースにした注目すべきヴィジョンだと思います。今は亡き有馬実成（ありまじつじょう）（二〇〇〇年没、シャンティ初代専務理事、山口県・曹洞宗原江寺前住職）もサルボダヤ運動に学ぶべきであると、よく言っていました。

有馬実成とタイの子どもたち（1980年ごろ）

島薗　有馬さんといえば、シャンティ発足の中心的存在で、その後もリーダーとして先頭に立っていた方ですね。〈慈悲〉という言葉をよく言われていたように思うのですが……。

——慈悲の社会化、縁起社会の実現、ということをよく言っておりましたね。それをヴィジョンとして描いていたと思います。

島薗　慈悲の社会化。つまり、仏教こそ社会の問題に応じる力があるし、義務もある、という考え方ですね。それは明治時代の大内青巒などと共通するものがあると思うんです。仏教は本来、正法を広めるものであって、ダルマ（法）にのっとった社会を求めることが仏教教団の目標なんだということですね。在家の人々を巻き込んで社会に仏法をどう伝えていくか。今もそれが問われているように思います。

――有馬はシャンティを持続可能な組織にすることに晩年まで心血を注いでいました。日本仏教にはすぐれた社会的実践の歴史があるのに、それが長続きしなかったのは組織化しなかったからだと考えていたようです。シャンティを社団法人にするにあたっても、「シャンティは出家も在家も一緒に乗せる二一世紀の大乗でありたい」と呼びかけていました。お陰様で組織的にはかなり整備されてきましたが、理念の伝承が手薄になってきている感があるので、しっかりしなければ、と思っているところです。私自身、シャンティは仏教の現代的表現の一つではないかと受けとめています。

二　世界的視野で慈悲の社会化を

島薗　進

島薗　色々なレベルで、慈悲の社会化、仏教の社会化をしていく可能性があると思います。

シャンティが誕生したように、団体、組織を作っていくことも必要ですが、既存の団体、たとえば青年会などをさらにどう活性化するかという課題もありますね。

また教学というレベルですね。現代の思想として力強いものが必要だと思います。人々の生き方や生きがいのヴィジョンに響くような教学の展開が必要ではないでしょうか。仏教研究は、これまでの仏典研究の成果などもあって、とても素晴らしいものがありますが、現代社会にふさわしい仏教の役割という観点から伝統を見直す面が今後の課題ではないかと思います。これは、どこの宗派に限らず、日本の仏教界全体の課題であると思います。

日本仏教は宗派に分かれていて、何でも宗派ごとに取り組む事情があるので、どうしても単位が小さくなって、課題も山積で、なかなか人々の求めに追いつかない現状があると思います。横の連携をはかりながら、日本仏教として世界に対して力あるメッセージを発信していただきたいと願っています。

それから、現代社会に果たすべき宗教の役割の探究という点は宗教学の弱いところでもあります。社会の中における宗教の位置というところから問うていく研究はまだまだです。それから人文学の分野ですね。哲学、倫理学、歴史研究でも、宗教の重要性があまり認識されていないと思います。哲学というと、ソクラテス、カント、ハイデッガーはどういっているか、ということになって、もちろんそれは重要なのですが、日本のスピリチュアルな伝統とか、仏教やアジアの宗教思想とどう関わっているのか、ということはあまり取り組まれていません。かろうじて西田幾多郎らの京都学派の名前が挙げられますが、そこからの広がりがあまり見られませんね。

もっと、われわれの現実に即した理論的展開が必要だと思います。そういう点で、大菅さんの著書（『慈悲のかたち』佼成出版社、二〇一七）は、私にとっては大変心強かったです。それから、第三章等で名前が出た、岡部健医師の聞き書きを書いた奥野修司さんの本（『看取り先生の遺言』文藝春秋、二〇一三）も、仏教書ではないんですが仏教に大きなインスピレーションを与えるものだと思います。

――ありがとうございます。私たちは困難を抱える人たちと接する中から体験的に仏教を学んでいるのだと思っています。有馬も現実の諸問題に向き合って活動するとともに日本仏教の中にモデルとなる思想や実践を探して、叡尊（注1）や忍性（注2）を発見し、精神的な支えにしていったのだと思います。

島薗　叡尊や忍性というのは真言律宗であり、曹洞宗とは別の流れかもしれませんが、戒律重視の点など共通点も多い。有馬さんはもちろん自分の宗派の教えを重んじつつ、その枠にこだわらずに力を発揮されたのだと思います。必要なことだと思います。

前回、お話したように、明治になって近代社会に変わっていく中で、そして二〇世紀の戦後において、時代の大きな転換期において日本仏教は一般庶民をどういうふうに巻き込んでいくか、というところで、それぞれ別の道を歩みながら工夫して歩んできたわけですね。しかし、今、同じところに来ていると思います。シャンティも、アジアで蓄えたものを今や日本社会に適応していく時なのか、という感じがします。

――そうですね。シャンティは東日本大震災の被災地で、国内で初めて移動図書館活動に取り組みました。車に図書を積んで被災地の仮設住宅を巡回する活動です。この活動は、一九八〇年代の難民キャンプ以来、東南アジアなどで取り組んできた私たちの特徴といえる活動なのですが、東北の被災地の皆さんに喜んでいただいて、日本でも必要とされる活動であることがわかりました。

島薗　このほど、曹洞宗とシャンティが協定を結ばれて、さらに相互協力を進めるということになったそうですね。なかなか興味深いことだと思っています。災害支援の際の連携もあると思いますが、そればかりでなくもっともっと様々な可能性が開かれるのではないかと思います。

先ほどアジアの開発僧やサルボダヤ運動のお話が出ましたが、世界的視野で仏教と社会の関係を見直すことも必要だと思います。二〇一五年の国連総会において、二〇三〇年までに世界中が協力して取り組むべき共通目標として、SDGs（持続可能な開発目標）という一七の目標が採択されました。シャンティもそれに向かって前進するように努力しているようですし、仏教界も取り組んでいます。その目標の中には、これまで曹洞宗が取り組んでこられた「人権、平和、環境」というテーマも含まれています。(注3)

ですからSDGsは曹洞宗はじめ日本の仏教界がめざしてきた方向と別ではないと思うのです。ただ、その三つのテーマをもっと広く捉えて、「社会の痛みに応えていく」という方向に展開していただいたらどうでしょうか。東日本大震災などの災害支援活動を通して社会の痛みに応えることの重要性を再認識されたことと思いますので、ぜひそのような方向に向かわれることを期待しています。

――ありがとうございます。今後、日本社会は益々外国人が増えていきますし、人生一〇〇年時代ともいわれます。課題は山積ですね。曹洞宗はもとより、宗派や宗教を超えて連携させていただくことで、今までできなかったことも可能になるかもしれません。これまで以上に各分野の皆様と連携させていただいて新たな飛躍に向かいたいと思います。

注

（1）叡尊（一二〇一～一二九〇）。鎌倉時代、当時、頽廃していた僧侶たちの姿を憂い、「釈迦に帰れ」と、戒律の護持をめざし、同時に社会救済活動に身を挺した僧侶。「興法利生」（仏法を興し、衆生を救済する）を掲げて、戒律復興の中心道場として奈良の西大寺を復興させ、真言律宗を立ち上げ、多くの人々に戒を授けた。その一方で、ハンセン病者の救済、橋や港湾の整備、寺社の創建など、様々な社会救済事業を行った。

（2）忍性（一二一七～一三〇三）。奈良の西大寺、叡尊の高弟として戒律の復興に努め、様々な社会救済活動に取り組んだ僧侶。東国伝道のため関東に赴き、鎌倉極楽寺の住職として三七年間、目覚ましい救済活動を繰り広げる。ハンセン病者の療養、貧民救済をはじめ、港の修築・維持、海浜の管理、道路・橋の修築・維持なども手がけた。

（3）持続可能な開発目標（ＳＤＧｓ：Sustainable Development Goals）には、「誰一人取り残さない」という理念のもと、貧困、飢餓、働きがい、教育、経済成長、気候変動など、世界が抱える様々な課題が網羅されているが、次のように、環境、平和、人権に関する目標も掲げられている。――「エネルギーをみんなにそしてクリーンに」「気候変動に具体的な対策を」「海の豊かさを守ろう」「陸の豊かさも守ろう」「平和と公正をすべての人に」「人や国の不平等をなくそう」。

〈視点〉生きた文殊に出会う旅――有馬実成と普遍思想　［大菅俊幸］

本章で紹介された、シャンティの産みの親ともいえる有馬実成。生前、講演において、執筆において、事あるごとに紹介していたのが、叡尊の次の事績である。

一二六九年（文永六年）、旧暦三月二五日、叡尊は奈良の般若野というところに二千人にも及ぶ大勢の人を集めて説法を行ったといわれる。集まった人たちは、叡尊の門弟や信者たち、貴族や武士たちも大勢いたが、圧倒的多数は物乞いやハンセン病者など弱い立場にある人々であった。その時、次のように説法したといわれる。

『文殊経』に、生きた文殊菩薩に出会おうとするならば、慈悲心を起こせと書いてある。なぜなら文殊菩薩が生きた姿でこの地上に現れる時は、貧窮孤独の衆生の姿となって現れるからである。貧窮孤独の人たちに出会って、無関心であったり、忌避したりして慈悲心をもたない人は、文殊菩薩に出会いながらもついに出会えない。

さて、今日、般若野には大勢の貧窮孤独人々がいる。その人たちこそ、われわれに慈悲心を起こさせるために地上に現れ給うた文殊菩薩なのだ。

こう語って、叡尊はハンセン病者などを入浴させ施食を行い、病いの介護を行ったといわれる。

困っている人がいるから憐れみをほどこして助け、支援する。そうではない。逆である。貧窮孤独の人こそ生きた文殊である。その文殊に出会わせていただくために関わらせていただくのだ。貧窮孤独にある人こそ、人を解放し、人を活かす力をもっている。そのことを真剣に受けとめて、尊敬の心をもって関わらせていただく時、こちらもその力にあずかることができる。『文殊経』の一説には、そのような思想が脈打っている。

今から三五年ほど前、有馬がカンボジア難民キャンプに足を踏み入れた時、「わざわざ私たちのために来てくださったことが嬉しい」と、難民から、なけなしのミルクを布施され、いたく感激して、この叡尊の説法と慈悲行のことを思い起こしている。つまり、こちらが助けるつもりで訪れたのに、食うや食わずの難民から逆にこちらが布施をいただいた。期せずして弱き貧しき人の中に仏性の輝きを見出すことになったのだ。叡尊が示した、貧窮孤独の人に関わって文殊とまみえる、とはこういうことではないか、と大きく目が開かれた時であった。その後、有馬はこの体験をもとに叡尊のこの事績を引用しつつ難民支援を呼びかけ、講演や原稿執筆においても、終生、繰り返し、叡尊のことを引用している。有馬の精神的バックボーンとなっていったのだ。

その後、このような精神は仏教だけではなく、キリスト教にもあるのではないかと思って探していたが、やはりあった。本田哲郎という神父の考えと実践である。

本田神父は、大阪の釜ケ崎で野宿を強いられている労働者を支援している方（キリスト教カトリック司祭、釜ケ崎反失業連絡会共同代表）である。その信仰に叡尊や有馬につながるものを感じて、二〇一五年、釜ヶ崎の「ふるさとの家」を訪ねてお話をうかがったことがある。

一九四二年、台湾に生まれ、戦後、両親の生まれ故郷である奄美大島で育った本田神父。家は代々、カトリックのクリスチャンで、上智大学を卒業後、フランシスコ会入会。その後上智大学大学院を修了し、ローマ教皇庁聖書研究所に入所、そして卒業。やがて若くしてフランシスコ会の日本管区の管区長に選ばれた。ほんものにならなければと思い、真剣に祈り、黙想、礼拝したが何も変わらなかったという。

大きな転機が訪れたのは、釜ケ崎にある福祉施設、「ふるさとの家」を訪ねた時のこと。毛布とみそ汁をリヤカーに積んで夜回りに出かけた。おそるおそる声をかけるが、なかなか振り向いてくれない。早くケリをつけたいばかりにそばまで行って「毛布いりませんか」と声をかけると、「兄ちゃん、すまんな、おおきに」と、笑顔でこちらを振り向いた。その顔と、その言葉に解放された気持ちになった。たったそれだけのことだったのだが、自身の信仰を見つめ直す大きなきっかけとなったという。

「わたしは、それまで、当然、信仰をもってるわたしが神さまの力を分けてあげるものだと思い込んでいた。教会でもそんなふうなことしか教えていなかった。だけどほんとうは違うんじゃないだろうか。じっさい、わたしには分けてあげる力なんか、なかった。ほんとうは、あの人（日雇い労働者）を通して神さまがわたしを解放してくれたのではないか。……痛みを知る貧しく小さくされた人というのは、こんなにも思いやりのある人だった、ということにようやく気づきました」

「日雇い労働者に限らず、生きていく中でほんとうに辛い思いをしている人たちこそが、人を解放するパワーを持っているのではないか……」

「神は、いちばん貧しく小さくされている者を通して、すべての人を救う力を発揮される。……神は人が貧しく小さくあることをよしとしているのではありません。貧弱だからこそ、神が自分の力をその人たちに託し、自分たちが貧しさ小ささから立ち上がって、まわりの人々を解放しつつ、共にゆたかになっていけるように定めているということです」（以上、本田哲郎著『釜ヶ崎と福音』岩波書店）

釜ヶ崎でお会いした時、本田神父は叡尊や有馬への思いについて次のように語ってくれた。

「叡尊上人や、その姿を支えに活動された有馬さんにとても共感を覚えます。考えてみれば、もしお釈迦様とイエス様がお会いになったら争うはずはありませんものね。これからもご一緒に歩んでいきましょう」

詳細に触れることはできないが、足尾鉱毒事件の闘いに生涯をかけた田中正造。そして、終生、水俣病患者と向き合った石牟礼道子にも同様のまなざしを感じる。

当初は、農民たちを蒙昧な民と思っていた田中正造。彼らを導くのが自分の使命だと思っていた。しかし、その命がけの生きざまを目の当たりにして慚愧。農民の中に神のありかを見出し、農民に学ぶ姿勢へと転じる。「下民、細民、貧窮者は世の知識に乏しく、だから学問的には愚かとされる。けれどもこの愚かさや愚かな人こそ多数者である。天に口はない。だから天は人を介して伝えざるをえないが、まさに衆愚の口から天の声は発せられる」(『田中正造全集』第一三巻、岩波書店)

一方、ひたむきに心を通い合わせようとする水俣病患者の姿が、石牟礼道子から次の言葉を引き出している。「人間いちばん受難の深い人々が、選ばれて神や仏の姿になってゆかれるそういう瞬間とも思えるときが、しばしばございまして、わたしはうつつにそういう場面に立ち合ってまいりました」(石牟礼道子『花をたてまつる』葦書房)

これらに共通するものが見えてくる。いかなる受難や試練にある人でも、人を照らす力をもっている。人間には人知で測り知れない可能性が眠っている。そのことに心から頭を下げ、手を合わせる態度である。それを宗教心といってもよいのかもしれない。かくして、有馬実成が見ていたものの先に、古今東西を超えた普遍思想の地平が見えてくる。

おわりに

このインタビューが行われた二〇一八年のころ、「人生一〇〇年時代」という言葉をさほど目にすることはなかった。でも、今ではメディアなど、そこかしこで目にするようになった。「老後の資金として二〇〇〇万円が必要」という金融庁の報告に議論が噴出したことで大方の関心を集めることになったと思われる。

一方、「日本は少子高齢化で社会保障の財源がないのだから、ある程度、命の選別をするのはしかたがない」。いつからか、そのような空気も漂っている。貧困者や障害者の生存権を守ることに対して無責任であるかのような雰囲気さえある。

その象徴が、相模原市の障害者施設で一九人が殺害された、あの事件であろう。「とうとうこんなことが起きてしまったか」と、今でも信じがたいほどのショックであったが、すでにこの国には、「生産性のない者に生きる価値などない」というメッセージが浸透しているのかもしれない。

人間ははたして使い捨てのモノに過ぎないのか。むろん、そうではない。どんな人間にも、人知で測り知れない可能性が潜んでいる。

そのことを強く再認識させられたのは、最近、旧友と再会した時のことである。

過日、久しぶりに一人の友人が東京に出てきた。知人の葬儀に参列する折に立ち寄ったもので、数年ぶりの再会となった。長年住職を務めてきた人であるが、難病のため、やむなく寺を後にし、今はアパート暮らしをしている。

若い時は声楽家を志したこともある。しかし師父の急死によって寺に戻り、僧侶の道を歩むことになった。やがてしだいに体の自由がきかなくなる。パーキンソン病の発症であった。

でも久しぶりで目にした姿は、凛として、まったく悲愴感を感じさせなかった。今も発声練習を欠かさず、昨年末には、ライヴハウスを借りて仲間と一緒にコンサートを開いたという。どうしてそんなに元気なのか。そのわけがわかった。

こんな身体で、今後、自分はどのように生きていけばいいのか。思い悩み、禅定していた時、胸から突き上げるものがあったという。

――この病いは自分の仏性を開くためにやってきた試練に違いない。これからは、一人一人が仏様と思って出会っていこう――

そしてこう語るのだった。

　残された人生、困難を抱えた人にできるだけ力を尽くしていこうと思う。


生き直しに向けた誓願の表明といえるのではなかろうか。

その姿が眩しく、自分の現在が恥ずかしく思われた。

翌朝、東京駅まで見送り、別れを告げた。手押し車を押してホームに消えていく彼の姿を見て思った。

「これが生きた文殊に出会うということなのかもしれない」。

彼の身体はたしかに不自由である。けれど魂は自由である。決して不幸ではない。

病いという試練を経て魂の力が引き出されたように見える。

生産性がない人間は生きる価値がない、などと、どうしていえようか。

本書で言及したように、鎌倉時代の仏教者叡尊は、般若野にいる貧窮孤独の人々に〈文殊〉

を見出し、施食の供養を行った。シャンティの創設者、有馬実成はカンボジア難民に〈文殊〉を見出し、支援活動に取り組んだ。そして、今度は、この私自身が、一人の友人を通して〈文殊〉に会うことができたのかもしれない。

どんな人間も人知では計り知れない可能性を有している。そして、いかなる受難や試練があろうと、それを引き受けてその可能性を引き出す力を有している。そのような人間観を教わった思いである。

今、日本社会は「高齢化」と「人口減少」という問題に直面しているが、それは時代のターニングポイント（転換点）に立っていることを意味しているのではないだろうか。

戦後の日本社会は物質的豊かさの追求にすべてを集中してきた。富や快適さを求め、拡大や成長を求め、社会は一定の豊かさを実現したはずなのだが、幸福になったとは感じられていない。むしろ、格差が拡大し、社会的孤立や精神的な病いが増えている。

この時期のことを〈福祉思想の空洞化〉と呼ぶ識者もいる。つまり経済成長を求めるあまり、「福祉」の哲学というものが欠落していたということである。「生産性のない人間は生きる価値がない」といった風潮が生まれる原因も、そのあたりにあるのかもしれない。

私たちが迎えている「人口減少社会」は、こうした戦後の日本社会、もしくは明治期以降の日本社会を特徴づけたあり方や思考の枠組みが根本から変わる時代だとはいえないだろうか。将来世代を含めた持続可能性という視点をもつと同時に、公正で平等な分配とは何かといった、原理や原則に関する議論、そして社会システムの再編に正面から取り組む時を迎えている。つまり、限りない「拡大・成長」の追求から、成熟社会の真の豊かさに向けた時代へと新たな出発の時を迎えているということだ。

それには経済のみならず、環境や福祉を含めた総合的な視点が必須であろう。「福祉の哲学」の根幹である「人間観」にまで遡った考察や対応も求められる。一人一人の尊厳、多様性を重んじるまなざしが必要とされる。日本社会は、仏教が蓄積してきた知恵の助けを必要としているように思われてならない。

さて、ここまで「おわりに」を書いているさなか、新型コロナウイルスの感染が拡大し、世界中を席巻し始めていることが、しげく報じられるようになった。

これまでの通念や方法では通用しない脅威に見舞われ、人間の理性や知性で何でも対処できると思ってきた神話が崩れ始めているようにも見える。同時に、世界中の人々がこれほどまでに共通の難問に向き合うということは、今までなかったかもしれない。これまでの文明のあり方を見直し、転換を迫られていることは間違いのないことのように思われる。

このような危機の時代をどう切り拓いていけばいいのか、宗教者はどのような役割を果たすべきなのか。益々、その存在意義が問われてはいないだろうか。

*

本書では、大きな時代の転換期にあって、日本仏教が現代社会の諸問題にどのように応えることができるのか、その社会的役割について、三人の先生方にお話をうかがった。それを通して未来への新たな可能性が見えてきた。

檀家制度の限界などが指摘され、ともすると悲観的になりがちであるが、東日本大震災をきっかけとしてお寺や僧侶の存在意義が再認識され、新たな役割が期待され始めていることがわかった。かつて日本には、地縁や血縁によるしっかりした社会基盤が存在したが、今やそれが空洞化してきており、現代特有の新たな社会問題も生じている。これまで地域社会に根ざしてきた利点を活かし、お寺や僧侶が創造的な役割を果たすことが求められている。そして、すでにそのような模索を始めているお寺や僧侶が数多く存在することもわかった。この時代が求めていることに向き合い、願わしい未来を切り拓いていただけるよう、切に期待している。

末尾になりますが、貴重なお話を聞かせていただいた島薗進先生、川又俊則先生、前田伸子先生に心より御礼申し上げます。

ここで残念なことをお伝えしなければなりません。今年（二〇二〇年）の一月、本書にご登場いただいた前田伸子先生の訃報に接することになりました。本書のインタビュー当時は、大変お元気で、口角泡を飛ばすがごとき熱弁に、こちらも奮い立つようなパワーをいただいたものでしたが、その後、療養生活に入られ、旅立たれることになりました。

透徹したまなざしと行動力を兼ね備え、必要とあらば積極的に現実を切り拓いていく、大変エネルギッシュな方でした。鶴見の町をこよなく愛され、知人や友人の誕生日を忘れることのない心優しい方でもありました。一人の医師として医療と宗教の接点に関心をもたれ、宗教者にもっとコミュニケーション能力が必要と看破され、總持寺の修行増の研修に臨床宗教師研修の一部を取り入れた取り組みは、まさに画期的なものでした。その遺志をしっかり継承していくことこそ、最大のご供養になるものと念じます。謹んでご冥福をお祈り申し上げます。

そして月刊誌『曹洞宗報』連載時以来、共に歩んでくださった曹洞宗宗務庁人事部文書課広報係、同出版部出版課の皆様に心より感謝申し上げます。

さらに、明石書店の大江道雅社長のご理解がなければ本書が実現することはありませんでした。そのご厚情に深く感謝申し上げる次第です。編集実務においては岡留洋文氏に丁寧に周到に支えていただきました。大変ありがたく思っています。

本書の内容が少しでも皆様の参考に供せられ、今後の歩みに活かしていただければと切に願っています。

二〇二〇年二月

大菅俊幸

〈編著者略歴〉

大菅俊幸（おおすが・としゆき）

1950年生まれ、宮城県出身。駒澤大学大学院人文科学研究科修士課程仏教学専攻修了。高校教員などを経て公益社団法人シャンティ国際ボランティア会職員。現在、同会専門アドバイザー、曹洞宗総合研究センター講師。実践仏教学。シャンティの創設者有馬実成に共鳴し、仏教精神に根ざした社会貢献活動（仏教ボランティア）を探究している。著書に有馬実成の評伝『泥の菩薩』（大法輪閣、2006）、『慈悲のかたち』（佼成出版社、2017）。編著に『ピーマイ・ラオ』（1996）、『タイ・やきものロードをゆく』（1997）、『スバエクの物語』（1998）、『ラオス古都紀行』（1999）、『ラオス山河紀行』（2000）（以上、現代企画室）など。

〈著者略歴〉

島薗 進（しまぞの・すすむ）　19頁参照

川又俊則（かわまた・としのり）　41頁参照

前田伸子（まえだ・のぶこ）　80頁参照

仏教の底力――現代に求められる社会的役割

2020年5月30日　初版第1刷発行

編著者　大菅俊幸

発行者　大江道雅

発行所　株式会社明石書店

〒101-0021 東京都千代田区外神田 6-9-5

電　話　03（5818）1171

FAX　03（5818）1174

振　替　00100-7-24505

http://www.akashi.co.jp

装丁　明石書店デザイン室

印刷・製本　モリモト印刷株式会社

ISBN978-4-7503-5034-9

（定価はカバーに表示してあります）

試練と希望
東日本大震災・被災地支援の二〇〇〇日

公益社団法人 シャンティ国際ボランティア会［編］

◎四六判／並製／424頁　◎2,500円

「共に生き、共に学んだ」証し！ 東日本大震災直後に開始されたシャンティ国際ボランティア会の支援活動。まちづくり支援に居場所づくり・学習支援、そして移動図書館と、様々な支援活動に携わったスタッフ・協力者は支援を通じて何を感じたのか。支援者一人ひとりの息遣いから人生観の変遷までを綴った、東北に寄り添い続けたシャンティ6年間の軌跡。

《内容構成》

第1章　緊急救援はこうして始まった

1 未曾有の大災害から緊急救援へ／2 緊急救援活動──三月～五月の活動／3 緊急から復興へ──六月～八月の活動／4 活動にあたって大切にした姿勢

第2章　つながる人の和　復興プロジェクト気仙沼

1「海と生きる」まちづくり／2 住民と支援者と行政が一つになって──前浜マリンセンターの再建／3 悲しみを分かち合える仲間がいる──子どもを亡くした親の集い「つむぎの会」／4 あつまれ、浜わらす！──子ども支援からNPO法人へ／5 共助による漁業革命──気仙沼、蔵内之芽組の挑戦／6 仏教者が果たした役割とは／7 五年間を振り返って

第3章　走れ東北！　移動図書館

1 岩手を走る移動図書館、発進／2 雨の日も雪の日も／3 移動図書館活動、その後／4 ここに来れば本が読める──居場所としての図書館／5 どんな本が読まれたのか／6 地域に根づいた図書室／7「置き本」って知ってますか／8 公立図書館との協力／9 地元の書店を応援／10 アジアのスタッフ大集合／11 あの日、あのとき

第4章　黄色いバスがやってきた！──宮城と福島の移動図書館活動

1 なぜ、山元町、南相馬市での活動だったのか／2 今から行って遅くはないか／3 本好きがいないって本当ですか──山元町での活動／4 故郷を追われた人たちの居場所として──南相馬市での活動／5 あの日、あのとき

第5章　これだけは伝えたい12の視点

〈価格は本体価格です〉